U0127963

贛文化通典

——宋明經濟卷 第三冊

目錄

回顧與反思

　　進入清代，江西經濟雖然延續了明代的發展趨勢，在糧食生產、手工業製造等諸多方面依然在全國佔據重要地位。但是，不可否認，當珠三角、長三角等區域商品經濟蓬勃發展，手工業製品周流海內外的同時，地處內陸的江西如果還只是維繫著原有的發展趨勢和規模，江西經濟在全國地位沉淪也就為期不遠了。與明代相比，清中晚期乃至近代江西經濟結構基本未發生根本變化，江西經濟不可避免地相對落後了。本章首先將探討清中晚期江西經濟的衰落，接著對宋明江西經濟成就進行回顧，對近代江西經濟衰退進行反思，希望能借此總結全書，指向未來。

第一節 ▶ 清中晚期至近代江西經濟的衰落

　　清中期以後，江西經濟逐漸衰落。晚清，隨著五口通商和粵漢鐵路的通車，江西的交通優勢基本喪失。與此同時，江西在工業上也處於絕對落後的地步。加上太平天國運動時期，江西成為太平天國的主戰場，經濟一度異常蕭條，隨之而來的釐金也使江西套上了沉重的枷鎖。江西經濟終於全面走向衰落。

一、近代江西經濟衰落的原因

近代江西衰落還有更直接的原因，概括起來有如下五點：朝廷的橫徵、太平天國的影響、釐金徵收的苛重、交通格局的邊緣化、洋貨傾銷。

1. 清廷的橫徵

清王朝在經歷了康乾盛世之後，到了嘉慶、道光年間，經濟開始由盛轉衰，而發生在一八五〇至一八六四年的太平天國運動在客觀上又加速了這一過程。江西作為清朝鎮壓太平天國的主戰場之一，其承受的剝削也更為沉重，結果導致民窮財盡、苦不堪言。江西人民所承擔的專制王朝的經濟剝削主要表現為：地丁銀的苛派、漕運的浮收、軍餉的勒索等三個方面。

地丁銀的苛派。作為中國歷代王朝收入大宗的地丁銀賦稅制度，包括地賦和丁稅兩種，前者是指土地稅，後者是指人頭稅。清代承襲明代的賦稅徵收制度，繼續推行地丁銀制度，並進行了一定程度的改革。據《江西通志》記載：

> 康熙五十二年（1713）奉旨：續生人丁，永不加賦。雍正五年（1727），復准江西所屬丁銀撥入地畝，屯糧完納。[1]

材料表明康熙在一七一三年將丁稅定額化，為以後攤丁入畝打下基礎，一七二七年雍正帝批准在江西實行攤丁入畝的制度，

1　光緒《江西通志》卷八三《經政略‧田賦》。

以便「屯糧完納」，成為繼明代一條鞭法之後，清代江西田賦徵收定額化的開端。另據陳榮華等人的研究：「在道光二十年（1840）以後，江西應徵實徵之額為兩百二十四萬兩。道光二十一年（1841）實徵兩百二十九萬兩，道光二十五年（1845）實徵兩百二十三萬兩，道光二十九年（1849）實徵兩百一十六萬兩。」[2]由此可見，到一八四九年為止，以往數年間，對江西徵收的賦銀基本上是穩定的，略有波動，但變化不大。

太平天國運動的爆發，尤其是太平軍和清軍在江西展開鬥爭之後，賦銀的徵收數額便一再攀升，「從咸豐二年（1852）開始，因在太平軍西徵佔領九江時，燒毀了停泊在九江的四百六十九艘漕船及附近的省倉、縣倉，於是，地丁稅中的徵糧部分即漕糧改為每漕米一石，折銀一兩三錢解部，徵收浮數因此倍增」[3]。這表明清廷在江西首次打破祖制，開始加徵賦稅，但這只是特殊情況下的浮收。到咸豐十一年（1861），江西各縣「地丁每兩徵銀一兩七八錢，徵錢三千數百文；漕米每石折收錢七八千或七八兩不等。蓋以州縣辦公之費無出，捐攤之案過多，不得不藉資於民力」。[4]浮收成為尋常之事，只是未獲得中央的承認。

2　陳榮華等：《江西經濟史》，江西人民出版社，2004 年版，第 437 頁。

3　陳榮華等：《江西經濟史》，江西人民出版社，2004 年版，第 437 頁。

4　江西巡撫劉秉璋：《遵查江西徵收丁漕疏》，見（清）黃爵滋撰、王延熙、王樹敏輯：《皇朝道鹹同光奏議》卷二七下《戶政類‧賦役》。轉引自鄭起東：《近代農民負擔與國家財政條塊分割體制》，載《近代中國的城市‧鄉村‧民間文化——首屆中國近代社會史國際學術研討會論文集》，2005 年。

再到同治元年（1862），兩江總督曾國藩、江西巡撫沈葆楨合疏整頓錢糧獲准，據《江西田賦問題·田賦之沿革》記載：

> （二人的合疏中）將丁漕兩項，一律折收製錢，由官銀解兌，每地丁銀一兩，連加一耗羨，折收足錢兩千四百文；漕米一石，折收足錢三千文。解部外，餘悉留本省及各州縣辦公之費。其後銀價漸昂，以錢易銀，不敷支解。**5**

由史料可以看出四點：一是在徵收地丁銀時，加徵「耗羨」；二是以奏疏形式確定咸豐二年（1852）已經開始實行的浮收制度，並得到了朝廷的首肯；三是指明所徵之錢的用途，「解部外，餘悉留本省及各州縣辦公之費」，只是並未確定具體分配數額；四是指出此項制度的弊端，即並未考慮銀錢兌換比率的變化，結果「不敷支解」。針對第三點中未詳細確定的問題，到同治七年（1868），江西巡撫劉坤一奏准，每米一石，改收銀一兩九錢，仍以一兩三錢解部，二錢七分提充本省捐稅公費，其餘均由各州縣留支。從而明確了對於所征之錢的分配方式。對於第四點這一未考慮到的問題，同治十二年（1873），左都御史胡家玉以違例加徵入告，部議地丁每兩仍照舊制，加錢兩百文，核計徵

---

5 （清末民初）熊漱冰：《江西田賦問題·田賦之沿革》，《江西地方文獻彙編初稿》。參考陳榮華等：《江西經濟史》，江西人民出版社，2004年版，第437頁。

收，不准再有浮溢，俟銀價平減，即按原定銀數折徵。從而確定了銀錢兌換比率發生變化之時的徵稅辦法。到同治十二年（1873），江西地丁銀加徵的制度便得以正式確立，形成了較為完整的體系，而人民的賦稅負擔也隨之加重。[6]見表 6-1。

表 6-1　鴉片戰爭前後江西人口、田地、田賦[7]

年份	人口（萬）	田地（畝）	田賦	
			賦銀（兩）	賦糧（石）
雍正二年 （1724年）		47863166	119476	127452
乾隆四十一年 （1776年）	1878.3	46100620	1939126	899836
嘉慶二十五年 （1820年）		46565553	1920182	962886
道光元年 （1821年）	2234.6		2292360	
光緒十九年 （1893年）			2388130	

資料來源：曹樹基：《中國人口史》第五卷《清時期》，表 4-20，復旦大學出版社，2001 年版，第 134 頁；梁方仲：《中國歷代戶口、田地、田賦統計》。

6　陳榮華等：《江西經濟史》，江西人民出版社，2004 年版，第 437 頁。
7　參見趙樹貴、陳曉鳴：《江西通史·晚清卷》，江西人民出版社，2008 年版，第 45 頁。

　　從一七二四年到一八九三年，江西人口不斷增加，田賦（包括賦銀和賦糧）卻也逐漸增加。眾所周知，中國官方土地數字並非代表真實的土地數字。[8]但在清代的江西，並沒有太多的荒地可供墾殖，因而，土地總量不太可能增加。因此，隨著人口的增加，清代江西的人地關係越來越緊張，而所交賦稅卻是不斷攀升的，這進一步加劇了人民的貧困。

　　儘管江西地丁銀徵收數額有所增加，但統治者並不滿足於此，以種種藉口進行竭澤而漁的搜刮。光緒年間，便以籌解賠款和籌辦「新政」需款浩繁為理由，加重徵收，甚至「計臣以籌款為能事，雖加賦亦不避矣」，表明了專制王朝的貪婪性。就連江西巡撫劉坤一也在其奏報中講到，江西的丁漕數額「三倍於湖南、湖北」。[9]而作為清朝統治者內部的部分開明人士也承認江西負擔沉重，「遠出他省……民生之困，由於徵收丁漕浮數太甚也」。可見江西人民被剝削之殘酷與生活之困苦。

　　以上是政府的定額徵收，另有額外徵收之稅，如「浮收」[10]、「勒折」[11]，都是導致田賦積弊病民的苛政。出現這一

8　何炳棣：《中國古今土地數字的考釋和評價》，中國社會科學出版社，1988 年版。

9　《劉忠誠公遺集》卷六，三聯書店，1962 年版。參考陳榮華等：《江西經濟史》，江西人民出版社，2004 年版，第 437 頁。

10　江南諸省每年從田糧中抽出若干漕運京師，漕糧轉運數千里，運費皆出自納糧戶，這就是所謂「浮收」。

11　「勒折」就是官府不肯收糧，強迫百姓交納現金。

局面，主要是由於「徵收方法不良，胥吏緣以為奸，田畝科則失實，賦額因之不均，或有田無糧，或則田多糧少，或沃土而輕賦稅，或瘠地而負重征，百弊重生，不勝枚舉」造成的，其中以「耗羨」為最。「耗羨」又叫做「火耗」，是州縣私加的附加稅，「清初屢為歷禁，然禁之而不能，則微示其意而為之限，限之而不能，乃明定其額為歸公」。需要說明的是，據陳榮華等人的研究，江西耗羨數額明定為三十三萬餘兩，然實征遠不止於此數。火耗徵收數額多寡，各州縣彼此不同，主要是看各地的歷史慣例和官吏是否貪污以及貪黷胃口的大小而定。許多官吏因此於定額之外，重加苛派，據為己有，用於巴結逢迎賄賂上司，以為晉身之階。[12]所以，「火耗」變成了清朝官吏貪贓枉法，中飽私囊的重要手段，也是晚清政治黑暗腐朽、官場糜爛墮落的癥結所在。

漕運的浮收。漕運主要分為正兌、改兌、白糧、改徵、折徵等幾種，在清代，各省通過運河，都要將漕糧輸往北京，以供官兵俸餉之用。據陳榮華等人的研究指出：清廷規定，江西每年必須完徵的正兌正糧米麥絲等為三十五萬餘石、餘糧為十八萬餘石，改兌正糧為十五萬餘石，耗糧為八萬餘石。[13]可見江西需要漕運進京的糧食並不在少數。漕運糧食輸往河北通州或進而轉到北京的過程，是十分繁雜麻煩、勞民傷財的，在此過程中，又有許多陋規：收買旗丁耗贈、運船遇險恤賞、首領借項延誤、糧船

---

12 陳榮華等：《江西經濟史》，江西人民出版社，2004年版，第438頁。
13 陳榮華等：《江西經濟史》，江西人民出版社，2004年版，第438頁。

夾帶私鹽、計米徵穀等等，從而構成晚清腐敗的又一弊端，雖然當時有人提出改漕運為海運，並初見成效，但由於反對派阻撓，並未貫徹實行。作為長江中下游漕運大戶的江西，自然也擺脫不了其弊端，仍處於被剝削被搜刮的地位。

針對江西而言，漕運對當地百姓的危害，主要是浮收。前文已述的咸豐二年（1852），漕糧停運，折錢徵收，出現浮收倍增的局面，以及同治元年（1862）又將丁漕一律折收製錢，由官銀解兌，由於銀價上漲，導致以錢易銀，不敷支解的結果，一再加重當地百姓的負擔，當時文人鄒樹棠（1820-1920）在其紀事詩中說：「南昌漕米政本科，一石浮收兩石多，漕米茶米分外索，開倉旋閉勒折橫刁訛。」（開倉二三日即封，有米未屯者，勒折以錢，或米一石折錢五六緡）¹⁴。

道光年間，漕糧改徵收米石為計米徵穀，許多官吏又一次藉端浮收。據《江西通志》記載：

> 道光五年（1825）八月甲子……本日復據成格奏：江西額漕核計七十餘萬有奇，距河距海均千餘里而遙，且地極卑濕，若仍徵本色，恐來年停運，存儲易致徵支變，請全數改徵穀石，如明春時常濟運，即飛飭各州縣趕緊礱碾上兌，如仍有阻滯，責成州縣變價銀錢，並解其穀石不及變價者，妥

---

14 杜德鳳：《太平軍在江西史料》，江西人民出版社，1988 年版，第 477 頁。

為存貯，以待下次礱碾搭運等語。漕糧徵收米石由來已久，今欲計米徵穀，恐不肖官吏以改折為名藉端浮收，勢所不免，若謂該省卑濕米不能貯，試思京通各倉分貯漕米，陳陳相因，積至數年之久，尚不至遽行徵變，且徵收穀石，屆時始令動碾，勢必緩不濟急，且州縣各多此一番礱碾，夫工飯食又將藉口賠累，至所稱銀錢並納，必至抑勒紛擾。所奏毋庸議。[15]

由材料我們可以看到，當地官吏以距河海遠、地卑濕為由，主張變「本色」改徵「穀石」。對此建議，雖然筆者暫不能斷定其真實目的是否是打算乘機藉端浮收，但清廷就已經看到「今欲計米徵穀，恐不肖官吏以改折為名藉端浮收」的跡象，於是沒有採納。

雖然中央在竭力阻遏弊政，但地方官吏卻執法犯法，採取各種手段，以大秤大斗量進，榨取農民更多的穀石，以小秤小鬥量出，應付漕運，其中差額便得以中飽私囊，致使素有「魚米之鄉」的江西出現了「南昌所屬豐城及饒州鄱陽諸縣儲量倉庫，倉舍蕩然」[16]的局面。

15 光緒《江西通志》卷首《訓典》。
16 宓汝成：《中國近代鐵路史資料》（第三冊），中華書局，1963 年版，第 970 頁。

2. 太平天國運動的影響

江西是太平天國的主戰場之一。這場運動在江西持續了十多年——從一八五三年二月太平軍進攻九江到一八五六年十月康王汪海洋和佑王李遠繼率領太平軍餘部退出贛南地區為止。太平軍與清軍在江西進行了殊死的搏鬥，其戰火硝煙也給當地帶來巨大的損失。地方志有很多相關記載：

> 同治《南康府志》：（咸豐四年，即 1854 年）……二十九日，偽丞相羅大綱由饒州進九江，破東團……房屋被焚百餘所，旬日間鄉團瓦解。

> 同治《樂平縣志》：（咸豐七年，即 1857 年）……八月十八日，（景德）鎮賊大股來陷樂城，前去後來凡二十一晝夜，義團交仗十餘戰，城鄉延燒二萬餘家，並集文廟官民衙屋，高架浮橋，直指南鄉，為各團勇所敗。

> 同治《波陽縣志》：（咸豐四年，即 1854 年）……發逆屢掠石門，俱被團勇擊退……（十月）……賊怒鄉團久，於初七自石門縱火迄東陂廟，上下三十里毀民房殆盡。初九進陷饒城。……（咸豐七年正月初一，即 1857 年）……洪逆自景鎮回撲桃溪渡，火民房三十餘村，殺戮甚多。

> 同治《德興縣志》：（咸豐七年，即 1857 年）……官軍至，統帶楊國政軍令拒之，賊焚房屋數百，男婦死者數百人。

> 同治《宜春縣志》：（咸豐十一年辛酉春，即 1861 年）……撫州發逆突圍出，叛勇李金暘應之，集合賊眾由吉

水三曲灘過河，竄擾吉、臨、瑞諸郡，蔓延袁江一帶。新昌、上高、新余、分宜等縣，盡遭蹂躪。**[17]**

　　由以上五段地方志材料可見，儘管太平軍在搗毀江西落後的統治秩序方面，發揮了不可取代的作用，但是畢竟給江西帶來了兵燹之災：人口減少、田地荒蕪，昔日繁華富庶之區，變為橫屍遍野之地。金陵大學農業經濟系所作的《豫鄂皖贛四省之租佃制度》的調查中說：「太平天國勢力初伸於江南時，曾在各處大肆屠殺，居民死者甚眾，四省受害最烈者，厥為皖南與贛北。迨亂世平，生者寥寥，昔日良田美園，當時則變為荒原曠場，無復有人過問焉，因是客籍農民遷入而墾荒者，接踵而至。」**[18]**江西成為重災區，所受破壞由此可見一斑。

　　清人鄒樹榮在《靄青詩草》中寫道：

　　　　曾公國藩禮侍郎，籍貫湖南縣湘鄉，辦賊江右賜關防。（嶽州）平江練勇私未忘，戰功未必在疆場，實實受害惟南昌。二月梅姓紮營房，伐樹拆屋催門牆，婦女逃竄毀容妝……用器食物皆奪攘，關門閉戶天昏黃。或有畸零小地方，夜深公然上婦床。三月紮營梧桐岡，搶村民物持刀槍，

---

17 杜德鳳：《太平軍在江西史料》，江西人民出版社，1988 年版，第281、219、211、213、225、75 頁。

18 轉引自趙樹貴、陳曉鳴：《江西通史·晚清卷》，江西人民出版社，2008 年版，第122 頁。

秆堆竹木皆精光，車犁鋤把亦喪亡。[19]

另外，清人宋家蒸也在《述文齋詩草》中記述了他在南昌、奉新一帶所見：「賊至望官軍，軍來無紀律。擄掠甚於賊，見賊氣疲恭。但知斂財粟，不知出戰伐。」[20]由此可知，清軍的燒殺搶掠已成為江西真正的災難。另外，因戰亂而貽誤農時，加上天災，許多地方顆粒無收，貧災交困，使得往昔殷庶的贛江沿岸，人煙寥落，不聞雞犬。對近代江西經濟的發展產生了極大的負面影響。[21]

太平天國運動之後，江西各地滿目瘡痍，「滿目荒涼瓦礫墟，烽煙才息未清除……自咸豐癸丑以來，郡縣之遭蹂躪者，所在皆是」[22]。戰爭打斷了江西社會經濟的正常發展，更嚴重的是江西農村社會經濟被嚴重破壞，村莊被毀，田地荒蕪，人口銳減，正是十多年太平軍與清軍在江西拉鋸戰的結果。[23]

---

19 杜德鳳：《太平軍在江西史料》，江西人民出版社，1988 年版，第 478、479 頁。

20 杜德鳳：《太平軍在江西史料》，江西人民出版社，1988 年版，第 552 頁。

21 參考吳雯、謝敏華：《試論太平天國革命對近代江西農村社會的影響》，《宜春學院學報（社會科學）》2002 年期第 1 期。

22 （清）閔爾昌：《碑傳集補》卷一六。轉引自施由明：《清後期江西農村社會經濟的衰落述論》，《農業考古》2004 年第 3 期，第 501 頁。

23 參考施由明：《清後期江西農村社會經濟的衰落述論》，《農業考古》2004 年第 3 期，第 501 頁。

在太平天國運動期間，作為人民起義的太平軍尚能結民心、不殺戮。據方玉潤的《星烈日記》寫到：圍攻安慶七十餘日後，石達開率大軍至，三天破城，能做到「不戮一人，有攜民間一草一木者，立斬以徇」[24]。相反，清軍在鎮壓太平天國運動中，卻橫徵暴斂、肆意劫掠、荼毒生靈，百姓苦不堪言。本來江西巡撫張芾為促使官民圍剿太平軍，曾發布告示：「殺一長毛賊者賞銀一百兩，殺一短髮賊者減半。」結果是官軍「兵丁報殺賊領賞者甚多，乃殺鄉民髮稍長者，長髮者既係婦人首」。[25]可見在戰爭年代，百姓生命亦不能保存。就入贛省作戰的外省軍隊而言，對江西省也是竭盡搜刮與苛勒之能事。據黃大受的《中國近代史》記載：

> 「湘軍籌餉的辦法有七種，第一是辦理捐輸……第二種是運鹽抵餉，一八五五年（咸豐五年），借浙鹽行銷到江西……一八六二年（同治元年），給票於商人，到泰州運鹽，在運司納課後，可到上游售賣，在安慶、武昌、吳城分別收稅……第三是興辦釐金。第四是提用湖南漕米，和江西漕米折銀……第六是請協餉……」[26]

24 （清）方玉潤：《星烈日記》。轉引自許懷林：《江西史稿》，江西高校出版社，1998年版，第622頁。

25 （清）毛隆保：《見聞雜記》。轉引自杜德鳳：《太平軍在江西史料》，江西人民出版社，1988年版，第503、505頁。

26 （民國）黃大受：《中國近代史》（上冊），文史哲出版社，1954年版，第589頁。

由材料可以看出，於江西作戰湘軍餉銀的來源，七項當中已經有兩項與江西有關：用浙鹽在淮鹽專賣區的江西出售，並在吳城收稅，還有就是用江西漕米折銀，這些都使江西背上了沉重的經濟負擔。在民生方面，贛省民眾亦苦不堪言。曾國藩的平江練勇來江西之後，「戰功未必在疆場，實實受害惟南昌」。其所到之處，「茶酒肉飯任取嚐」、「搶奪民物持刀槍」，農民的「車犁鋤耙亦喪亡」，甚至可以「拆屋推門牆」或「公然上婦床」，對普通百姓也是「殺劫之殘如亡羊」。由此可見，當時的江西百姓不僅受到本省團練的劫掠，更受到外來兵丁的盤剝，性命亦不可保，更何言生活。對於清軍的暴行，即使是地主階級也很失望，「漫雲剿賊安善良，漫雲福星照豫章」[27]，表現的心灰意冷。

清廷為鎮壓在江西的太平軍，從各省調來軍隊進行會剿，又命令地方興辦團練，使得在江西的兵丁數量陡增，中央又沒有足夠的糧餉供應，「由金田起義至一八五三年七月間，清政府已撥軍餉一九六三餘萬兩，戶部庫存正項待支銀僅剩二十二點七萬餘兩，『度支萬分窘迫，軍餉無款可籌』[28]」[29]。因此其大部分軍需便加在江西人民的肩上，於是清軍在江西便肆意妄為、課徵勒索。在官府方面，上文已經提到的鄒樹榮在《南昌倉》中寫道：「南昌漕米政本苛，一石浮收兩石多。漕米茶米分外索，開倉旋

---

27 （清）鄒樹榮：《藹青詩草》，轉引自杜德鳳：《太平軍在江西史料》，江西人民出版社，1988年版，第477-482頁。

28 （清）王先謙：《咸豐朝東華續錄》卷二四。

29 李侃等：《中國近代史（第四版）》，中華書局，2004年版，第56頁。

閉勒折橫刁訛。」這不僅說明「浮收」之重，而且還囤積居奇，欺行霸市。到咸豐三年（1853），太平軍圍攻南昌未果，撤離之後，當地又發生澇災，洪水暴漲直至氾濫，雖然出現了「低田禾沒沒，高田穀生芽」的局面，但是清廷仍不甘休，不僅「官差四出催完納，星火之急風雷狂」，而且「開倉進米更比往來酷，百般訛索肆魚肉。頃刻風波有萬重，一家哭變一家哭」。咸豐六年（1856）大旱，「當事委員勒軍需，縣官差役催田租，富戶九室罄藏儲……不憂性命畏鞭撲」。由材料可以看出，平時「一石浮收兩石」，即使遭遇災荒也不能免，官軍盡全力搜刮民脂民膏，竭澤而漁。在地方團練方面，情況也很是相似。鄒樹榮在《梓溪局》中講到：辦團練是官紳「藉以自衛非衛民」，而且還逼迫百姓繳納軍餉「藉官勒索孰敢抗，急如星火急如雷，吾亦助銀三十兩。時命練勇往各鄉，意思強悍言語狂。專持傳票字一張，逼之至局索輸將，否則治罪押監獄[30]，更甚縣令徵漕糧」。[31]詩中清楚地講述了「紳民」被「逼之至局索輸將，否則治罪押監獄」的情景，反映了官吏之殘暴，剝削之苛重。另據黃大受《中國近代史》記載：

「周馥另有回憶逃難詩三首，茲引其中兩首如後：『憶

---

30 監獄：梓溪祠堂內有監獄有牢，明文瑞公時所以治族中不法之弟子也。今之富戶有不速捐者或捐不多者，即飭練勇傳此等人坐此，壓入監獄永不釋放。以故鄉裡富戶言若干數即捐若干數，苦甚。

31 許懷林：《江西史稿》，江西高校出版社，1998年版，第622頁。

昔粵賊來，東南沉半壁，一年百鼠徙，自分死鋒鏑，賊至兵先逃，殺略等夷狄。賊去兵復來，瘡痍苦搜剔，千里荒蕪人，荊榛雜瓦礫。初亂有人哭，久亂聲寂寂，哀哀十二年，有淚無處滴。力弱未能庇，傷哉我親戚！』」[32]

這樣中央官軍和地方團練一起壓榨百姓，再加上戰事頻發，導致民不聊生。據《瑞州府志》記載：

辛酉（一八六一年，咸豐十一年）逆首（指太平軍）李秀成至而禍斯極矣。蓋此次復陷郡城，分擾各屬，放手焚殺，恣意淫掠，各鄉勇男婦死者不下數百千人，所過成焦土，丁壯老弱被掠者不可勝計，甚至有一村餘一二十人者，此誠瑞郡數百年來未遭之劫也。[33]

從以上兩段史料中，筆者雖然無法確認該地方志是否有因對太平軍污蔑而造成的誇大之詞，但是我們卻可以從另一個角度看出戰爭的勞民傷財，以及給江西人民帶來的幾近毀滅性的災難，正如文中所說的「此誠瑞郡數百年來未遭之劫也」。

江西軍餉之多，源自於當地軍隊之眾。當時贛省的軍隊，包

---

32 （民國）黃大受：《中國近代史》（上冊），文史哲出版社，1954年版，第600頁。

33 同治《瑞州府志》。

括中央官軍和地方團練兩部分，隨著戰爭形勢的瞬息萬變，二者都處於增減波動之中。

從官軍方面來說，來江西會剿太平軍的鄰省部隊是很多的。羅澤南、李續賓原有陸軍五千人，到九江後擴編為八千人。咸豐三年（1853），江忠源、江忠淑的楚勇共計五千人，羅澤南、夏廷樾的湘勇共計兩千五百人與音德布的一千兩百人，一起馳援南昌。咸豐四年（1854）十一月，曾國藩在奏報中稱，他和塔齊布所統「全軍二萬人」。咸豐五年（1855），進入江西會剿的「鄂軍」，有胡林翼等的六千餘人。另有湘軍水師在湖口戰役中被殲後，曾國藩收集餘部，增造快蟹、長龍大船四十餘艘，招募楚勇，擴建為內湖水師。綜合以上各軍數量，在江西作戰的官軍大約在十萬人左右。官軍軍餉主要來自於調撥，上文所引的湘軍軍餉來源有七種，這段史料中有記載：「第六是請協銀，一部分是請清廷敕令各省協撥，一部分是自行請諸疆吏協撥的。」**34**另外，從曾國藩的奏報中可得知一二。咸豐四年（1854）十一月，他講到從陝西解到六萬，四川續報三萬，湖南、江西捐項踴躍，當時全軍兩萬餘人，「軍士有飽騰之象」，說明軍餉是足額的。但到了咸豐六年（1856）十二月，他在奏疏中說軍餉虧空，積欠口糧一百三十多天，要求「飭催山西、陝西，迅速每月各協二萬兩，解至九江，專濟此軍之用。至於江西各府，分駐兵勇五萬餘

---

34 （民國）黃大受：《中國近代史》（上冊），文史哲出版社，1954年版，第589頁。

人，舊欠無從補給，新歲尤難支援，再懇飭下兩廣都臣，月撥四萬兩，以濟急需」[35]。這兩次奏報說明，軍隊數量的增加導致了軍餉的積欠，另外在第二次奏報中，湖南江西的捐輸未被提及，不僅說明清軍在這兩省的作戰中處於下風，也說明了地方財源的枯竭，民眾苦難的加重。

從團練方面來說，江西當地在官軍的協助下，也興辦地方團練。由於團練是府縣官員、鄉紳各自籌辦，因此其兵源數額難以得出準確之數，只是得到關於其大概數量的一些史料。李濱在《中興別記》中說：「通省約萬五六千名」練勇，鄒樹榮在《藹青詩草》中講到南昌即「不下三千名」。對於李濱所說的全省團練只有一萬五六千人，從同治年間的許多地方志的記載來看，這明顯是不實的，遠遠少於實際數量，實際上，關於團練的數量，某些縣志都遠遠超出此數。樂平縣有團練局八十四所，咸豐八年三月，東南北三鄉計三十二局，一次出動的團丁為一點七萬餘人。[36]建昌縣（今永修）全縣七十餘團，其中練勇千餘，團勇數萬。[37]雖然江西地方團練的具體人數難以確定，但保守估計有數萬人之眾，這應該是比較真實的。關於團練軍餉大多來自地方，而且數額也是很大的。據《武寧縣志》記載：「團練出力，為江西州縣之冠」，咸豐四年起團練局，「論定戶解米，攤費錢三千

---

35 杜德鳳：《太平軍在江西史料》，江西人民出版社，1988 年版，第 405、439 頁。

36 同治《樂平縣志》卷五《武事》。

37 同治《建昌縣志》卷五《武事·咸豐年間團練事宜》。

文，以資勇糧」[38]。據《宜春縣志》記載：自咸豐三年至十一年，辦團練所費口糧器械銀共計十六萬兩餘，「俱係各鄉紳民自行捐輸」[39]。據《新喻縣志》記載：該縣辦團練始於咸豐三年，當時規定「城鄉內外及東西南北四鄉」凡十五歲以上、六十歲以下，俱科為壯丁，概行入冊，作為團丁，「須先查戶口，勿使遺漏」。經費按照田畝派捐，「每正糧一兩，派捐製錢三百文」[40]。說明團丁及錢糧數額都很巨大。據《德安縣志》記載：東西南三鄉，鄉分十團，自咸豐三年至十一年止，「共製辦軍裝、支應口糧等項，共用去一十三萬一千七百一十九兩三錢五分六釐，均係出自捐輸。」[41]據《湖口縣志》記載：咸豐八年起練勇，畫地為五團，按戶派費，「除捐楚軍凱右營軍餉二萬，本地練費實用捐銀七萬二千八百二十兩有奇」[42]。據《建昌縣志》記載：咸豐九年「團練告成，共捐銷十三萬餘金」[43]。據《安遠縣志》記載：「自咸豐四年以來，各坊堡團練鄉勇及請潮勇、三標勇，或戰或守，所費軍需口糧十萬，始則富戶捐輸，繼則按畝抽穀，繼又自備口糧。十餘年貧富交困，民不聊生。」[44]以上史料表明，江西

38 同治《武寧縣志》卷一九《武事》。
39 同治《宜春縣志》卷五《武事・團練附》。
40 同治《新喻縣志》卷六《武事・團練事宜附》。
41 同治《德安縣志》卷七《武事・咸豐年間團練事宜》。
42 同治《湖口縣志》卷五《軍務始末・團練附》。
43 同治《建昌縣志》卷五《武事・咸豐年間團練事宜》。
44 同治《安遠縣志》卷五《武事》。「三標勇」，為長寧縣（今尋烏）三標堡的團勇。

各地辦團練所需之資，大多取自民間，導致百姓為之所病，輸納之資並不亞於絹賦，從而使得民窮財竭。

3. 釐金的苛重

伴隨著太平天國戰亂震盪的是苛重的釐金徵收。在對太平軍的作戰中，軍需費用急劇飆升，為解決軍需的供應困難，清朝統治者在交通要道上設卡抽稅——釐稅，以便搜刮民財，適應戰爭的需要。全國最早的釐卡，是在咸豐三年（1853），設於揚州仙女廟（今江都縣江都鎮），由江北大營幫辦大臣雷以諴立關徵稅，值百抽一，因其稅率為百分之一，故稱釐金、釐稅，「釐金分為兩種，一是行商的貨物通過稅，一是坐商的交易稅」[45]，其所立關卡即稱釐卡。江西釐卡的設置也是因為軍興，據《南昌縣志》記載：

四年甲寅（咸豐四年，即1854年）秋，曾國藩督師至江西慮客兵不敷調遣，餉亦不繼，與巡撫陳啟邁謀就近募兵籌餉之法，劃河抽取釐金，立江西水師以劉於潯統之。[46]

曾國藩的這一決策還得到了中央財政部門——戶部的首肯，據《江西通志》記載：

---

[45] 李侃等：《中國近代史（第四版）》，中華書局，2004年版，第56頁。

[46] 民國《南昌縣志》卷五四《兵革》。

江西之有絹釐，始於咸豐五年。[47]時戶部奏請通行各省，按貨抽釐，以助軍餉。爰於南康塗家埠、廣信河口鎮設卡試辦。六年（1856），乃設總局。定法：綜計百貨而抽分之。凡貨值銀一兩，捐二分；值錢千，捐二十。逢卡抽收，不立定限。坐賈則有門釐。……更定抽分法，改首卡捐三，次卡捐二而止。凡捐釐五，以一養軍，四助餉。……十年（1860），總督曾國藩統軍東下奏以江西釐金全數給軍，改總局為牙釐總局。……牙稅照湖北章程，捐換部帖分上中下三則，納銀繳縣報解，復改收釐為兩起兩驗（時軍餉大絀，遂定首卡三分，次卡二分，三四卡同之。兩起兩驗後，他卡免捐）。[48]

　　由這段史料我們可以看到，江西捐釐是由戶部在「南康塗家埠、廣信河口鎮設卡試辦」的基礎上，咸豐六年（1856）設總局，釐定徵收章程，將稅率確定為值百抽二，逢卡完捐交稅，並明確規定了各個釐卡徵收釐金的制度，而且表明所得釐金之用途：「凡捐釐五，以一養軍，四助餉。」咸豐十年（1860），曾國藩「奏以江西釐金全數給軍，改總局為牙釐總局，……時軍餉大絀，遂定首卡三分，次卡二分，三四卡同之。兩起兩驗後，他

---

47 這與上段史料的時間有出入，但江西釐金的徵收在這兩年期間必是無疑。

48 光緒《江西通志》卷八七《榷稅・附捐釐始末》。

卡免捐」。即將稅率提高為百分之九，以期得到更多的軍餉，遠遠超過清廷所規定的值百抽一的標準。可見，在釐金徵收之初，其稅率之高，已達到讓人咋舌的地步。

不久，江西地方當局奏准設釐卡六十五處，地域遍及江西全省十三府七十餘縣。[49]隨著戰事的進行，徵收釐金的比率也在上升。關於釐卡全年徵收的數額，據《江西通志》記載：「江西捐釐之初，歲入恒百數十萬。」[50]僅就湖口釐卡而言，同治五年（1866）奏定，每年提供長江水師經費十六萬兩，撥吳城船廠銀一萬兩。就連藩司李恒都承認這些征索是「仁者不為」的「削民之術」，「所害者眾」，「厲民甚殊」。[51]因此在一定程度上，可以說清廷鎮壓太平天國運動所需的軍餉，「咸仰給於捐釐」。同時釐金的徵收，也使得貨不能暢其流，抑制了商業資本的發展，導致近代江西僅餘小商小販，難尋富商大賈。正是這樣，使得往昔繁華「日市輻輳之地」變成「里巷蕭條、商販斷絕」的寥落之所。從而嚴重阻礙了江西經濟的發展。

但是作為臨時性商業稅——釐金的徵收，畢竟是一種戰時經濟，一種暫時措施，所以當太平天國運動被鎮壓之後，一些地方官員便以釐稅太重，要求裁減，據《江西通志》記載：

---

49 參考陳榮華等：《江西經濟史》，江西人民出版社，2004 年版，第 443 頁。

50 光緒《江西通志》卷八七《榷稅·附捐釐始末》。

51 江西省政府經濟委員會編：《江西經濟問題》，江西省政府經濟委員會出版，1937 年版，第 5、6 頁。

十年，卒平巨寇而議者，動謂捐釐病民要亦濟時之一術也。始行於揚州仙女廟，達之數省，且資其用，以至今日，雖非常法，亦未可略而不書也。[52]

可是清廷不僅未將其取消，其中戶部更以「正課常稅所入細微」為由，主張整頓，而反對裁撤釐稅。同治皇帝也認為：若裁掉釐卡，「經費將何所出」，下令各督撫「仍須悉心」徵收釐金。釐稅反而成為一種固定的稅收，雖然戶部一再主張整頓，但效果不佳，至光緒六年（1880），江西裁撤後的釐卡仍有一百五十八處，其中「大卡六十四處，小卡九十四處，遠遠多過其他鄰省」[53]，釐金徵收的弊端越演越烈，以至「嘗有攜一百一十文錢之貨物，而所納之釐稅乃至三百四十文之多者」。[54]而就江西本省而言，據《東華續錄》記載：

（光緒二十年六月）（御史）鄭思賀奏：設局抽收釐捐，本一時權宜之計。近年以來，屢奉諭旨嚴行整頓……但是各省現設總局、分卡仍復不一。就江西一省而論，多至七十餘處。商貨往來，各卡分成扣收，已不無藉端抑勒之弊。而多一局即多一處之開銷，多一差即多一人之克削，以小民有限

52 光緒《江西通志》卷八七《榷稅·附捐釐始末》。
53 萬振凡：《論近代江西農業經濟轉型的制約因素》，《中國社會經濟史研究》2004 年第 4 期，第 5 頁。
54 羅玉東：《中國釐金史》，商務印書館，1936 年版，第 302 頁。

之脂膏，國家有定之帑項，顧令虛糜濫耗，徒飽官吏之私囊，究與國課毫無增益。**55**

可見釐卡設置數量之多，人員之冗雜，層層盤剝，已轉化為當地官吏中飽私囊的重要手段，這導致了當地商品交流的困難，也成為江西經濟發展的桎梏。

隨外國資本主義和帝國主義的入侵而來的是不平等條約的簽訂，割地賠款數量的增加，清政府為繳納賠款和償還借款，便加重徵收釐金。到光緒年間，釐金的稅率已經增加到百分之十至十八。據《江西釐捐總局：完釐簡章》記載：凡進口貨物，水路有湖口、吳城、樵舍、省城，共計四卡，統由第一卡湖口統稅局徵收十分釐稅，此外過一卡加收一分，以收足十八分為止；陸路第一卡，浙江方向的是玉山、廣東方向的是大庾、福建汀州方向的是雩都、崇安方向的是車盤（在鉛山縣境內）、邵武建寧方向的是新城（今黎川）、安徽婺源方向的是景德鎮，共計六個統稅分局。**56**

雖然有《完釐簡章》的法律規定，其所徵釐金的數額已經相當的高，但是地方官吏仍不滿足，加強苛收，使得釐稅在江西地

55（清）朱壽朋、張靜廬：《光緒朝東華錄》（第三冊）卷一二〇，中華書局，1958 年版，第 123、124 頁（總第 3427、3428 頁）。

56 參考《江西釐捐總局：完釐簡章》，選自江西省社會科學院歷史研究所、江西省圖書館選編：《江西近代貿易史資料》，江西人民出版社，1988 年版，第 346、347 頁。

方的實際徵收額要高出很多。江西農工商礦總局總辦傅春官講道：

　　釐稅一政，興於咸豐初年，軍事既弊，仍因未革。然各省皆經奏減，惟江西釐卡獨多。查釐卡原章，於初卡完三分，次卡完二分，第三卡完三分，第四卡完二分，名為百分之十，其實十分完足，經過不卡，仍需補抽。第一次補抽按十分加二分，第二次補抽按十二分又加二分，經若干卡，補若干次。如由贛州府運貨至江省（指南昌——筆者注），須經十卡，應完二十九分有奇。且貨經初卡，其完釐之數，絕不肯按貨之實數計算，如運貨一百擔，雖經商人再三懇請，至輕亦須以一百二十擔計。……初卡困難如此，至次卡，按初卡所完釐數完納二分外，尚須查驗補抽，如一百但貨，初卡以一百二十但起釐，次卡又須補二十、三十擔，完納五分，第三、四卡皆然。總之，未完足十分，固宜補抽，既完足十分以後，仍須補抽。故定章名為取十，其實乃取三四十。又況查驗不時，羈滯留難，無卡無之。……光緒二十九年，加稅裁釐之議興，江西百貨逐漸改為統稅，較釐金原章雖有加贈，惟一卡完足，不再抽收，較之從前稍作蘇息，然全省稅口，尚有三十餘處，其浮收訛索，亦時有所聞。**57**

57　《江西農工商礦總局總辦傅春官述》，引自汪敬虞：《中國近代手工業史資料（1895-1914年）》（下冊），科學出版社，1957年版，第1148頁。

　　從傅春官所講的話中可以看到，《完釐簡章》規定的釐金稅率只是一部分，江西各地在徵收正額之外，又要加徵：一是在前四卡，增加原有貨物實數，「如運貨一百擔，雖經商人再三懇請，至輕亦須以一百二十擔計」，以期多徵稅；二是從並不需要交稅的第五卡開始進行補抽，以此類推，結果「經若干卡，補若干次」。即使光緒年間，釐卡稍有減弱，但仍存三十餘處，「其浮收訛索，亦時有所聞」。關於材料中所說的「光緒二十九年（1903）……江西百貨逐漸改為統稅」，這主要是為了償還各國的賠款與貸款。柯逢時奏：「賠款數巨期迫，特設商務局」，在徵釐稅之外，將江西大宗貨物分別出來，改收統捐。這些貨物主要有：「吉、贛、撫、建兩河之木植，撫州、建昌、袁州、廣信、瑞州、寧都各府屬之夏布，樂平、餘干、彭澤三縣之土靛，景德鎮之瓷器，信豐縣蘿蔔條，各處土產及外省運來之麻，福建所產之煙絲，一律第改收統捐。」[58]這說明，清廷對於商人的相同貨物，進行敲骨吸髓似的重重徵稅。

　　苛重的釐金剝削，嚴重阻礙了江西經濟的發展。茶葉作為江西大宗出口土貨之一，因釐金與出口關稅徵收太重，使得中國茶葉在國際市場上缺乏競爭力。據《中國近代手工業史資料》記載：

---

58 江西省社會科學院歷史研究所、江西省圖書館選編：《江西近代貿易史資料》，江西人民出版社，1988 年版，第 344 頁。

查得本地之茶，運至本口（九江），其江西寧武茶，則先在寧武完釐金，每百斤捐銀一兩四錢，姑塘每百斤捐銀四錢，出口關稅銀每百斤二兩五錢，是寧武茶每百斤共徵釐稅銀四兩三錢。河口茶則先在河口完釐金，每百斤捐銀一兩二錢五分，姑塘每百斤捐銀四錢，出口關稅銀每百斤二兩五錢，是河口茶每百斤共徵釐稅銀四兩一錢五分。今比較其釐稅兩項，與茶葉所售之價值，每百兩約抽二十五兩矣。其印度錫蘭等處所產之茶，既無內地之釐金，又無出口之關稅。商販之人，但完納他國進口之關稅而已。[59]

由此可見，江西寧武茶、河口茶在出口之前，已受清政府的層層盤剝，從而導致成本上升，在國際市場上，已無價格優勢。相對來說，印度與錫蘭政府為促進當地茶葉的出口貿易，「以公司之資本、銀行之運轉為其購辦之前矛，以政府之獎勵、關稅之免除為其銷售之後頓」[60]。可見中國茶葉，較之印度茶和錫蘭茶，已無任何競爭優勢可言。再如景德鎮的陶瓷，本鎮納出山稅，中途過古縣渡、饒州、二道口各卡，交查驗費或補抽稅，至湖口則徵出口稅，關於其標準，《景德鎮窯業紀事》中記載：

---

59 辛盛申：《訪查茶葉情形文件》，第 27、28 頁。轉引自彭澤益：《中國近代手工業史資料（1840-1949）》第二卷，中華書局，1962 年版，第 307 頁。

60 任放：《論印度茶的崛起對晚清漢口茶葉市場的衝擊》，《武漢大學學報（人文科學版）》2001 年第 4 期，第 465 頁。

以碗三十六支束以稻草名曰一支。有單支、雙支、四支、六支等名目。有盛以竹籃者，有圓式扁式之分。單支納稅，約計洋（銀元）一角有餘；其他各支，視此略有出入。竹籃則以高低口徑為衡；瓶尊以坆數為准。其納稅時，只論件數多寡，不分瓷質優劣，故其稅率與貨值，實際上有過之與不及之患。**61**

對瓷器徵收釐稅的制度規定的如此之詳，而且還要視其所至之地而逐漸增稅，各處稅率不同，大率在百分之十以上，「除實際成本外，合釐金、運費二者，例須加入百分之六十於成本中，而各種營業雜費不與焉。蓋國貨受稅關重徵之困有如此者，比之外貨，不啻天淵之別矣」。**62**景德鎮瓷器若要運至上海，須完納釐金十八道之多，其他苛雜還在外，所以特產瓷器的生產同樣是每況愈下。正如著名實業家張謇所說的：

> （光緒三十二年）士大夫習聞人言釐捐病民也，時而相語，亦曰釐捐病民也，而不若民之病於釐捐者怨毒之深也。故常以為過捐卡而不思叛其上者非人情也，見人之酷於捐卡

---

61 （清）向焯：《景德鎮窯業紀事》，轉引自江西省輕工業廳陶瓷研究所編：《景德鎮陶瓷史稿》，三聯書店，1959 年版，第 268 頁。

62 （清）向焯：《景德鎮陶業紀事》，轉引自許懷林：《江西史稿》，江西高校出版社，1993 年版，第 661 頁。

而非人之叛其上者非人理。**63**

　　由此可見，釐卡之設置，釐稅之徵收，不僅阻礙了江西的商品出口，而且沉重打擊了農業和手工業的發展，成為清朝中期之後，江西衰落的另一重要原因。**64**

4. 交通格局的變化

　　清代五口通商以前，尤其是明清的一口通商時期，作為中國東部南北交通命脈之一的贛江——大庾嶺通道，在南貨北運、北貨南輸的過程中，承擔了很重要的作用。這種過境貿易對江西經濟的發展是不容忽視的，許檀曾說道：「自乾隆二十二年（1757）清政府限定廣州獨口通商，江浙閩諸省的絲茶等貨均需經江西翻越大庾嶺入廣東出口，而進口貨物也需由廣東翻越大庾嶺入江西再轉銷各地，商品轉運及流動人口的需求在一定程度上帶動了這條商路沿線南安、贛州等府市場的發展。」**65**毫無疑問，這條南北大動脈對江西經濟發展的作用是非常明顯的。

　　但是，筆者認為大庾嶺通道對內陸山區市場的作用是有限

63　（清末民初）張謇：《張季子九錄‧實業錄》。轉引自江西省輕工業廳陶瓷研究所編：《景德鎮陶瓷史稿》，三聯書店，1959 年版，第 268 頁。

64　參考陳榮華等：《江西經濟史》，江西人民出版社，2004 年版，第 442-444 頁；許懷林：《江西史稿》，江西高校出版社，1993 年版，第 658-661 頁。

65　許檀：《明清時期農村集市的發展》，《中國經濟史研究》1997 年第 2 期，第 25 頁。

的。[66]原因有二：一是「一口通商」時期，較之以往贛關稅收額略有增加但增加有限。廖聲豐的研究表明，從順治七年（1650）贛關恢復到乾隆二十二年（1757）一口通商之前，贛關各年的關稅多為九萬多銀兩；從乾隆二十二年（1757）一口通商之後，到五口通商（1842）之前，每年關稅超過十萬兩。[67]說明一口通商並未給贛關帶來多大的收益，故大庾嶺商道在清代對贛南乃至江西社會經濟的影響程度是要大打折扣的。二是從商品結構分析，作為過境貿易商道的大庾嶺通道上流通的商品與贛南區域內部流通的商品結構並不相同，大庾嶺通道流通的是全國性商品，絲、茶、瓷器等並非贛南所必需，並未大量進入贛南鄉鎮市場，在五口通商之後，這條商道一落千丈，而贛南內部市場體系卻按自身邏輯繼續發展。[68]

　　但是在一口通商時期，江西畢竟還是交通要地，江西從南到北都貫穿著這條南北大動脈，使江西在全國交通和經濟地位方面顯得非常重要。五口通商之後，傳統中外貿易以廣州為基地、贛江成為南北航運大動脈的局面隨之變化，當時英國侵略者迫使清政府簽訂的《南京條約》中寫道：

---

66 黃志繁、廖聲豐：《清代贛南商品經濟研究——山區經濟典型個案》，學苑出版社，2005 年版，第 84 頁。

67 黃志繁、廖聲豐：《清代贛南商品經濟研究——山區經濟典型個案》，學苑出版社，2005 年版，第 157 頁。

68 黃志繁：《大庾嶺商路·山區市場·邊緣市場》，《南昌職業技術師範學院學報》2000 年第 1 期。

（第二款）自今以後，大皇帝恩准大英國人民帶同所屬家眷，寄居大清沿海之廣州、福州、廈門、寧波、上海等五處港口，貿易通商無礙……（第五款）凡大英商民在粵貿易，向例全歸額設行商亦稱公行者承辦，今大皇帝准以嗣後不必仍照向例，乃凡有英商等赴各該口貿易者，勿論與何商交易，均聽其便。且向例額設行商等內有累欠英商甚多無措清還者，今酌定洋銀三百萬員，作為商欠之數，准明由中國官為償還。[69]

這則材料主要說明兩個問題：一是五口通商，廣州原本就是已開放的碼頭，上海是長江的門戶，其他三處是控制閩浙的口岸，使得英國侵略勢力得以深入東南沿海地區；二是允許英人在各開放口岸自由貿易，以條約形式打破了廣州公行壟斷外貿的局面，從而宣告了清朝政府閉關政策在通商制度方面的破產，結果使得中國東南沿海門戶大開，資本主義國家的侵略勢力便通過這些口岸向中國東南沿海地區滲透。

由於上海位於中國沿海航運中心，通過長江流域連接中部各大城市，航運便利，因而備受外國侵略者的青睞。上海進出口商品總量逐步超過廣州，成為中國一個新的貿易中心。[70]另外，再

69 復旦大學歷史系中國近代史教研組：《中國近代對外關係史資料選輯（1840-1949）》（上冊），上海人民出版社，1977 年版，第 94 頁。

70 參考程浩：《廣州港史（近代部分）》，海洋出版社，1985 年版，第 56 頁。

加上廈門、福州、寧波等港口的開放，使閩浙貨物可以就近出口，無須再過大庾嶺通道由廣州出口，這些都導致了廣州港的相對衰落。而廣州港的衰落，使得在大庾嶺商路上的貨物流通量相對減少，贛江航運開始步入衰退期；上海港的繁榮，卻使長江成為中國的「黃金水道」，商品在長江流域彙集，並由上海出口，包括九江在內的各個沿江城市由此興盛並發展起來。雖然九江隨之興盛，但其偏居贛北，與江西省廣大內陸地區的聯繫，較之大庾嶺商路而言，自然遠不及之。

第二次鴉片戰爭後，英法侵略者迫使清政府簽訂的《天津條約》規定漢口、九江、鎮江等十處被開放為通商口岸，並允許英國在長江一帶各口岸自由通商，使得列強對中國的商品傾銷和原料掠奪，直接由長江進出，而且還擁有購買土地、建造房屋、遊歷、傳教、設卡徵稅等一系列特權，使得外國侵略勢力得以深入中國內地。

就江西而論，列強之所以要求開放九江為通商口岸，原因有三。

第一，就長江流域而言，九江「北負大江，據江湖之口，為咽喉之地」[71]，九江府「北阻長江，南屏廬阜，上控武漢，下扼皖吳，戴天塹之中流，據溢口為門戶」[72]，與長江各口相互連環，進保漢口，退護下游，可形成鏈條式商業貿易線，地理位置

71　（清）顧祖禹：《讀史方輿紀要》卷八五《江西三》。

72　（清）劉錦藻：《皇朝續文獻通考》卷三一四《輿地十‧江西省》。

十分重要，是不可缺少的一環。

第二，就江西而言，九江扼守湖口，掌控鄱陽，為贛省北大門，通過贛江貫穿全省，交通便利，是傳統的貨物集散地，而且江西資源豐富，堪稱全國富庶之區，其茶葉之豐，「至其米穀之饒，瓷器夏布之工，則又天下著名者也」[73]。英國市場上暢銷的中國茶葉和瓷器很多是從九江港水運而來。

第三，就九江本身而言，九江港，江面寬闊，水深適宜，終年不凍，即可停泊商輪，又可供兵船停靠，可謂天然良港。據總稅務司署揚子江技術委員會對長江的一次測量結果：在每日平均流量上，九江港 22.5 億立方米，漢口 22 億立方米，湖口 28.6 億立方米；在流速上，九江港冬季為每秒平均為 0.53 米，夏季每秒平均為 1.77 米，與漢口的 0.565 米和 1.7 米差不多，與湖口的 0.495 米和 1.71 米相似。[74]因此在九江開關順理成章。

咸豐十一年（1861）九江正式開埠通商，並設立領事館。是年三月二十四日江西布政使張集馨和英國欽差大臣、右參贊兼理領事館事務的巴夏禮簽訂《九江租地約》：「（1861 年農曆二月）十五日，在九江府城西門外龍開河東，量地（長）一百五十丈，

73 （清）劉錦藻：《皇朝續文獻通考》卷三一四《輿地十·江西省》。

74 九江海關檔案：《揚子江技術委員會第三期年終報告：測量報告》，1924 年。轉引自陳榮華、何友良：《九江通商口岸史略》，江西教育出版社，1985 年版，第 3 頁。

（進）深五十丈寫立租約。」[75]這樣，英國終於完成了其在九江口岸開埠通商的準備活動。此後，其他列強也先後在九江大建租借地，使其成為「國中之國」，是江西成為外國侵略者殖民地、半殖民地的標誌。[76]

關於九江關稅徵收方法，有學者根據《九江關稅則例》，總結如下：

一是船貨徵稅辦法：以一八五八年『長江通商章程』的有關規定為准，大約值百抽五的；金、銀、錢錠等類物品均免稅。

二是船鈔，即噸位稅：凡裝載逾一百五十噸的船隻，要交納鈔銀四錢；僅一百五十噸或不足此數的船隻，則只要交納銀鈔一錢；進抵本口不起艙即開往其他口岸去的船隻，由海關監督給照，到將經過的港口呈驗，以免凡船納鈔；三板小船和雇傭的中國民船，概不例外。

三是凡進口貨物，准一次納稅，免各子口徵收紛繁。土貨則在首經的子口輸交；洋貨則在海口完納。綜算貨價，每

---

75 《毓科奏巴夏禮等來九江租地立約折》，（咸豐十一年）戊戌〔（三月）初十日，西元四月十九日〕，選自（清）賈楨：《籌辦夷務始末（咸豐朝）》卷之七十五（咸豐十一年二月二十一日至三月初十日，西元一八六一年三月三十一日至四月十九日），中華書局，1979 年版，第2810頁。

76 九江開口通商問題，見陳榮華、何友良：《九江通商口岸史略》，江西教育出版社，1985 年版，第 12-17 頁。

百兩徵子口稅銀二兩五錢，是為半稅。

　　四是凡土貨由本埠出口者，徵出口正稅，洋貨從本埠進口者，徵進口正稅。請領單照赴內地買賣，沿途不納釐稅，但徵子口半稅。凡船載貨物，交納正半兩稅後，若要運往海外，經報江海關給照但未驗准者，仍留所納半稅，以抵其後應納稅銀。

　　五是解交稅收數額，以滿三月為『一結』上報，一年為『四結』計收。關稅開支數額，則『四結』為一次上報註銷。

　　六是凡軍械、食鹽不准販運，硫磺白鉛不准私買，錢及米穀不准出境外運……[77]

　　綜合看來，《九江關稅則》主要是規定了江西進出口稅，從對貨物進口稅和內地稅（子口稅）徵收稅率的確定，到噸位稅及土貨出口的稅率限定。

　　九江關徵稅範圍：一八六四年劃為上至湖北武穴，下至江寧府（當時江蘇省治，今南京市），一八八三年重劃為上至湖北田家鎮半壁山，下至安徽省安慶。一九〇一年未清償「庚子賠款」，清政府同意海關兼管五十里之常關，從而將九江姑塘關劃歸海關管理。

　　九江海關的關稅收入，從設關之初到一八九九年，呈上升趨勢，見表6-2。

77 陳榮華等：《江西經濟史》，江西人民出版社，2004年版，第472頁。

表6-2　九江海關歷年關稅收入（1863年-1899年）（單位：兩）

年份	關稅收入	年份	關稅收入	年份	關稅收入	年份	關稅收入
1863	478266	1873	538783	1883	785682	1893	1034250
1864	579864	1874	723593	1884	789976	1894	1000198
1865	490920	1875	675431	1885	782526	1895	1044465
1866	491411	1876	703221	1886	849694	1896	1030628
1867	470120	1877	680537	1887	959747	1897	944247
1868	528982	1878	753052	1888	1107048	1898	931568
1869	513472	1879	726595	1889	1055225	1899	1013657
1870	528458	1880	727413	1890	1126805		
1871	544752	1881	804356	1891	1180937		
1872	448726	1882	863755	1892	1027899		

　　資料來源：湯象龍：《中國近代海關稅收和分配統計》，中華書局，1992 年版，第 326-329 頁。

　　從表 6-2 可見，九江海關稅收從一八六三年的不足五十萬兩，增長到一八九九年的一百多萬兩，大體上呈現的是上升的趨勢，可見九江海關重要性也在提升。九江海關徵收的是長江航線的過境稅，與傳統的大庾嶺商道上的湖口海關有很大的不同（湖口海關徵收的主要是贛江——大庾嶺的過境貿易稅），「因為江西省內的物產，或上溯贛江進入廣東，或走鄱陽湖，經湖口入長江，惟有溯江而上者，才經過九江」[78]，因而九江海關稅額的增

[78] 翦伯贊、鄭天挺：《中國通史參考資料（古代部分第七冊）》，中華書局，1998 年版，第 301 頁。

加及其地位的重要，對江西經濟的發展並無直接影響，相反以九江為代表的長江各口岸的設立使得中國出口絲茶運輸線路轉向，絲茶稅由江海關（即上海海關）徵收。九江租界的出現之後，贛省物資在此彙集並中轉，沿長江流域出海，銷往外國，交通便利，可謂事簡而迅速。因而許多商人選擇走長江水道，而放棄了過去走贛江、經大庾嶺、由廣州出口的傳統商業管道，「中國傳統的⋯⋯南北縱向貿易路線開始轉向以上海為中心的長江流域為主體的東西橫向路線」[79]。

商路的轉移，直接影響了贛關稅收，據光緒初年（1875）江西巡撫劉坤一的奏疏中稱：

自同治十二年（1873）⋯⋯起達間至十三年（1874）⋯⋯，欲收正稅，連耗銀四萬四千二百五十三兩一錢四分三釐，又臨關零稅連耗銀一千三百五十五兩六分，又江海關代徵補納贛關絲稅正耗銀四萬二千七百一十兩二錢五釐⋯⋯自五口通商之後，繼以長江添設口岸，土貨、洋貨皆由上海、九江，贛關獨處一隅，富商巨賈絕跡不至。⋯⋯查贛關徵稅缺額，由於長江設口通商所致，⋯⋯查同治六七八等年份短收贏餘銀兩均經臣部議令減免九成，賠繳一成。嗣於同治九年，該關短收銀數查較上屆多虧至一萬餘兩，臣部議令賠繳

79 陳曉鳴：《九江開埠與近代江西社會經濟的變遷》，《史林》2004 年第 4 期。

二成，其十年、十一年分，均多至一萬餘兩，臣部議令援照八年分成案，減免九城在案。……前後共應賠銀六千九百九十六兩一錢五分一釐九毫……**80**

由材料可見，同治六年（1867）開始到同治十三年（1874），贛關每年都有虧空，雖然每年都減免八成或九成，但仍無濟於事，最終還需賠銀近七千兩。因此，九江開埠通商，使得經過贛關的客商減少，甚至「不至」，這些都導致江西的過境貿易的衰退，對江西經濟的發展產生不利影響，對此，清末商務大臣傅春官在《農工商礦紀略》中寫道：

> 「昔時，江輪未興，凡本省及汴鄂各省，販賣洋貨者，均仰給廣東，其輸出輸入之道，多取徑江西，故內銷之貨以樟樹為中心點，外銷之貨以吳城為極點。自江輪通行，洋貨自粵入江，由江復出口者，悉由上海徑運內地，江省輸出輸入之貨減，樟樹、吳城最盛之埠，商業亦十減八九。」**81**

由材料可知，「江輪」興與不興，直接關係到贛省過境貿易的盛與不盛，因此貿易路線轉移之後，昔日「最盛之埠」的樟

---

80 光緒《江西通志》卷八七《經政略‧榷稅‧贛關》。

81 （清）傅春官：《農工商礦紀略》，《臨江府‧清江縣‧商務》，清光緒三十四年（1908）石印本，江西省圖書館藏，第8頁。

樹、吳城等貿易中轉站,「商業亦十減八九」,這對江西商品經
濟的發展是個巨大打擊。

5. 洋貨的入侵

九江開埠通商以後,外國侵略者便以此為根據地,通過誘勸
華商試銷、對華商賒銷、建立推銷員制度等方式,壟斷進口市
場,利用子口稅制,向江西全省擴張商品侵略勢力。在其傾銷的
洋貨中,以鴉片和棉紡織品為大宗,還有煤油、火柴、毛織品、
食糖等數十種商品。

一是鴉片煙。關於鴉片的輸入,早在十八世紀的中英貿易之
時即已開始,到第一次鴉片戰爭前,列強輸往中國的鴉片數額已
相當巨大,「據不完全統計,鴉片戰爭前的四十年間,外國侵略
者偷運至中國的鴉片不下四十二點七萬箱,總價值約三億元以
上」。[82]由此可見,在鴉片戰爭爆發之前,英國已經開始了鴉片
的走私,而且是相當猖獗的。第一次鴉片戰爭之後,英國曾想以
武力使清政府接受鴉片,但由於其自身的原因[83],這一目的並未

---

82 李侃等:《中國近代史(第四版)》,中華書局,2004 年版,第 10 頁。

83 當時璞鼎查在南京與中國談判時,之所以沒提出鴉片貿易合法化的問
題,是因為許多與鴉片走私沒有直接利益的的英國人認為:政府為使
中國接受鴉片而發動的這場戰爭,使大英帝國蒙羞,於是在 1840 年 2
月至 8 月間,向下院投遞請願書,多達一五〇多份,要求禁止在印度
種罌粟、禁止走私鴉片、停止這場戰爭等等,從而在道義上形成一股
輿論,使英國政府壓力很大,所以,作為英方談判代表的璞鼎查並未
將鴉片合法化訂入條約,以避免政治上的被動和輿論上的不光彩。參
考嚴中平:《中國近代經濟史(1840-1894)》(上冊),人民出版社,
2001 年版,第 99、100 頁。

達到。而戰後的清政府對禁煙還是弛煙，也是左右搖擺不定，這更使得鴉片走私貿易越加猖獗。正如馬克思所說的：「從一八四三年起，鴉片貿易實際上還是完全不受法律制裁。」[84]於是戰後的鴉片銷售量，較戰前有了驚人的增長，對此學者程浩曾將一八〇〇至一八三八年及一八四〇至一八六〇年輸入中國的鴉片估計消費量整理成表加以說明。[85]另據英國公布的《一八四九年中國各口貿易報告》中說：

目前中國每年鴉片消費量約為五萬箱⋯⋯其中以上海為中心的北方（按：當時英國人稱廣州以北的地方為北方）消費量占五分之二，以廣州為主要市場的南方消費量站五分之三。在廣州及華南，幾無例外地都用白銀來購買鴉片。[86]

這說明英國發動戰爭其實已經基本達到了目的——增加鴉片貿易，獲得利潤（通過鴉片賺取大量白銀）。唯一的一點不足便是並未在條約上使清政府承認鴉片貿易的合法化。但第二次鴉片戰爭之後，英國實現了這一願望。據於一八五八年十一月八日在上海簽訂的《中英通商章程善後條約：海關稅則（節錄）》記

84 馬克思：《鴉片貿易史》，選自《馬克思恩格斯全集》第 12 卷，人民出版社，2008 年版，第 590 頁。

85 程浩：《廣州港史（近代部分）》，海洋出版社，1985 年版，第 46 頁。

86 姚賢鎬：《中國近代對外貿易史料（1840-1895）》（第一冊），中華書局，1962 年版，第 420-421 頁。

載：

> 第五款……向來洋藥、銅錢、穀米、豆石、硝磺、白鉛
> 等物，例皆不准通商，現定稍寬其禁，聽商遵行納稅貿易。
> 洋藥准其進口，議定每百斤納稅銀三十兩，惟該商止准在口
> 銷賣，一經離口，即屬中國貨物；只准華商運入內地，外國
> 商人不得護送……**87**

自此以後，清廷被迫允許鴉片以洋藥的身份、在徵稅的前提
下，行銷於內地，使得鴉片買賣由非法的秘密活動變為公開的商
業貿易，使鴉片成為合法的進口商品，其經營範圍也由沿海擴展
到內地。據《中西紀事》記載：「只因長江一開，內地漫無限
制，行棧既設，囤積居奇，決不肯身居內地而聽洋藥售於海口以
讓華商之利者。海關既不能禁，則除逢關納稅，過卡抽釐外別無
辦法。」**88**

鴉片貿易合法化以後，就其在江西入關而言，由於九江海關
過去沒有徵收鴉片稅的專卡，於是在《中英通商章程善後條約：
海關稅則（節錄）》的基礎上，設置了九江鴉片專卡，並制定了
九江鴉片徵收制度，據《江西通志》記載：

87 復旦大學歷史系中國近代史教研組：《中國近代對外關係史資料選輯
（1840-1949）》（上冊），上海人民出版社，1977 年版，第 178 頁。

88 （清）夏燮（高鴻志點校）：《中西紀事》卷一八，嶽麓書社，1988 年
版，第3頁。

　　九江關舊無專卡，嗣議離口岸較遠扼要之區，設卡徵稅。遂於同治二年（1863）三月，擇地府城西門外設稅局，別為水陸分卡各一。初定水路稅則，洋藥百斤徵三十兩，陸路徵二十兩。九江稅局按陸路徵銀。是年八月，部議改照水路每百三十兩，不加耗，依天津新關例徵銀一兩，以八分留支經費，不足則責監督賠補。**89**

　　材料具體介紹了九江鴉片稅徵收局的選址及徵稅標準：初按陸路每百斤徵二十兩，後來以水陸每百斤徵三十兩。由於九江海關對鴉片採取「釐稅兼取，不分華、洋」的原則，使得鴉片得以大量輸入，「僅一九一一年，經九江關輸入的鴉片達 149820 斤」**90**，九江港也成為江西省鴉片輸入的「總匯之區」。**91**關於鴉片（洋藥）進出口數量及其貨值變化，劉生文曾有詳細的介紹，由他的論述，我們可知洋藥進口基本上維持了一種相對穩定的狀態，雖有關卡釐稅的徵收及土貨（本土所產鴉片）的競爭，但進口洋藥「始終不絕」。**92**

---

89 光緒《江西通志》卷八七《經政略·榷稅》。

90 龔喜林：《開埠與九江區域經濟中心地位的確立》，《九江學院學報》2008 年第 4 期，第 72 頁。

91 九江海關檔案：《1903 年江西省牙釐局抽取洋藥告示》，第 195 號。見江西省社會科學院歷史研究所、江西省圖書館選編：《江西近代貿易史資料》，江西人民出版社，1988 年版，第 116 頁。

92 劉生文：《近代九江海關及其商品流通（1861-1911）》，南昌大學碩士學位論文，2005 年，第 37 頁。

關於鴉片的銷售，首先由英國人直接從國外或從上海轉口運入九江，再由中國商人按照岸路藥稅章程，每百斤交納二十兩白銀後，得到承辦權，便可運入內地銷售。到同治七年（1868），雖然九江海關對鴉片徵以每擔八十兩的高關稅，但鴉片還是源源不斷地運往九江並銷往江西內地，「外洋土貨中國資之貿易者，此為最巨」，這也對江西的對外貿易產生了極為不利的影響。光緒十年（1884），九江商埠的鴉片貿易由汕頭商人組成的「七家中國商行經營」[93]，他們通過「現金買賣」和「長期信用整箱出賣」的方式，銷售給本部和內地的鴉片販子，通過荼毒江西人民的身體健康來牟取暴利。

二是棉紡織品。就棉布而言，其作為棉織品，在進口貿易中始終佔據著首位。雖然洋布沒有土布結實耐用，但洋布柔軟美觀而且價格低廉，所以能在中國市場廣泛傳播。九江的棉布貿易始於十九世紀六七十年代，當時許多茶商將在上海積壓的洋布運回九江，作為回程貨物進行銷售，自此以後，九江棉布貿易額不斷增加，出現「九江開埠以來從未著用洋布的人們開始著用洋布」[94]的現象。但並不是說洋布自此控制九江市場，因為直到十九世紀七〇年代末，當地土布仍然具有較強的競爭力。例如光緒三年

---

93 Trade Reports，1884 年，九江，P107。轉引自姚賢鎬《中國近代對外貿易史資料（1840-1895）》（第三冊），中華書局，1962 年版，第 1548 頁。

94 Trade Reports，1867 年，九江，附錄，P40。轉引自姚賢鎬：《中國近代對外貿易史資料（1840-1895）》（第三冊），中華書局，1962 年版，第 1351 頁。

（1877）農民獲得棉花豐收，「他們家裡織的布就大為便宜，這自然有害於進口棉布的銷售」[95]。可見，土布對於洋布尚存在著一定的競爭力，土布仍然佔有廣大農村市場的部分份額。對此情況，英國領事官在從九江發出的報告中哀歎道：

> 假如人口較少的印度在一八七九年尚購買英國棉織品達22714000鎊，而中國（包括香港）僅購買826800鎊，可見英國與中國的貿易尚有很大的擴張餘地。因為中國有肥美的土地、較富的礦藏和無比的絲茶富源。可以肯定地說，英國的輸出品的銷路，無論是棉紡織品、毛紡織品或金屬，都沒有超越過一般中層階級……一旦英國棉布為中國勞動人民所服用，貿易統計數字將是數百和數千而不是數十了。[96]

由材料可見，英國貿易者認為棉織品在中國的銷售額少於印度，只是一種暫時的狀況，因而他們對開發中國棉織品的市場還是很有信心的，於是加緊步伐進一步拓寬中國內地市場。

洋布以其便宜價格，最終代替土布佔領九江市場，是在十九世紀八〇年代末。光緒十四年（1888），洋布從九江「進口總額

---

95 Trade Reports，1877年，九江，P35。轉引自姚賢鎬：《中國近代對外貿易史資料（1840-1895）》（第三冊），中華書局，1962年版，第1346頁。

96 姚賢鎬：《中國近代對外貿易史資料（1840-1895）》（第三冊），中華書局，1962年版，第1353頁。

達 270627 鎊,這一年增長了 16%以上。近五年來數字在穩步增加,目前差不多比一八八四年增長了一倍」。[97]洋布充斥市場,九江及其附近地區的土布生產似乎完全被洋布排擠了。在二十世紀的頭二十年中,洋布的進口儘管受到第一次世界大戰、中國政治局面紊亂和江西局勢動盪不定的影響,呈現波動狀態,但進口的總額並沒有發生任何重要的變化。從表 6-3 所示可知,一九〇四年(光緒三十年)棉布輸入的總額為 407195 擔,其中直接來自國外的為 402346 擔,占 98.88%;來自國內織造的為 4849 擔,只占 1.12%。[98]

表 6-3　1904-1911年九江關棉布輸入情況[99]　　　　（單位:擔）

年份	國內	國外	合計
1904	4849	402346	407195
1905	2970	329673	332643
1906	4029	300743	304772
1907	4785	436575	441360
1908	10547	364584	375131
1909	4873	350305	355078
1910	6339	373369	379708

97 姚賢鎬:《中國近代對外貿易史資料(1840-1895)》(第三冊),中華書局,1962 年版,第 1359 頁。

98 參考陳榮華等:《江西經濟史》,江西人民出版社,2004 年版,第 483、484 頁。

99 姚賢鎬:《中國近代對外貿易史資料(1840-1895)》(第三冊),中華書局,1962 年版,第 1424 頁。

續上表

年份	國內	國外	合計
1911	7875	347773	355648

資料來源：姚賢鎬：《中國近代對外貿易史資料（1840～1895）》（第三冊），中華書局，1962年版，第1424頁。

　　在輸入的洋布中，英國棉布輸華總值最多，美國總值較小，但增長速度快，並在粗布方面超過英國，但英國在細布及雜色布方面仍佔優勢，到二十世紀初，日本棉布在九江市場上嶄露頭角，與英美棉布競爭，另外婆羅洲、蘇門答臘、土耳其、義大利和西班牙的棉布也出現在商品的貨櫃上，花色品種豐富多彩。這說明在九江市場上，列強在利益「一體均沾」的前提下，也存在著激烈的競爭，以擴充本國在贛省的市場佔有份額，這些無疑對江西經濟的發展是極為不利的。

　　就棉紗而言，其進口的增長速度遠遠超過棉布，在十九世紀七〇年代以前，九江市場為英國面紗所獨佔，後來主要為印度棉紗所取代，這主要是因為：印度距中國較英國為近，成本低；中印兩國都是銀本位，匯兌較為穩定、方便；印度棉紗以粗紡為主，適應中國消費者的需要。但無論是英棉還是印棉，作為洋棉它們在纖維質地和操作技術上都優於土棉，因此使得九江商埠「洋紗進口的數量雖小，但是一直在逐年穩步上升，無疑還會增大」。[100]表6-4便顯示了國外運入與國內生產的棉紗經過九江關

---

100 《江西之棉織業》，見江西省政府經濟委員會編：《江西經濟問題》，1934年版，第199-204頁。

的數量變化。

表6-4　1875-1911年九江關棉紗進口量統計　　（單位：擔）

年份	國內生產	國外運進	合計	年份	國內生產	國外運進	合計
1875		764	764	1894		32358	32358
1876		772	772	1895	2310	50747	53057
1877		1175	1175	1896	3225	61088	64313
1878		1714	1714	1897	14331	65419	79750
1879		1983	1983	1898	35657	79409	115066
1880		2369	2369	1899	41578	102091	143669
1881		3245	3245	1900	30729	82519	113248
1882		4343	4343	1901	31229	101839	133068
1883		5708	5708	1902	26078	12685	137773
1884		5225	5225	1903	12980	138299	151279
1885		7346	7346	1904	29438	134886	164324
1886		14890	14890	1905	23948	112841	136789
1887		19683	19683	1906	14439	111942	126381
1888		23596	23596	1907	21907	159573	181480
1889		28349	28349	1908	35809	138633	174442
1890		22659	22659	1909	36257	116230	152487
1891		38211	38211	1910	40409	147126	187535
1892		52226	52226	1911	40170	101492	141662
1893		25263	25263				

資料來源：《江西之棉織業》，參見：（民國）江西省政府經濟委員會編：《江西經濟問題》，1934年版，第199-204頁。

　　由表 6-4 我們可以看出，從十九世紀七〇年代中期起，九江商埠進口的棉紗便一直呈現上升狀態，而且從一八七五至一八九四年，洋紗一直壟斷九江的棉紗市場，這段時間的最高進口額發生在光緒二十年（1894），進口洋紗三萬兩千三百五十八擔，到光緒二十一年（1895），才有國內生產的棉紗輸入九江，此後，雖然國內棉紗輸入九江的數量在起伏中上升，但外國進口棉紗仍然控制著九江的棉紗市場，居於壟斷地位。

　　三是其他洋貨。煤油，在九江進口貨中，僅次於棉紡織品，其主要來源是英、美、俄和婆羅洲、蘇門答臘等國家和地區。最早在九江設立洋行的是英國和美國，分別設立了亞細亞洋行和美孚洋行，以加強對九江的石油輸出，而此時輸往九江的石油是數額極其微小的。據九江海關貿易報告記載：光緒元年（1875），「進口煤油七千一百八十加侖以供當地消費，幾年之後便可以看出這種便宜而光亮的油是否會代替植物油」[101]。但由於煤油比豆油和菜油便宜、照明效果好，所以在十九世紀八十年代末，隨著俄國巴庫石油的運入，及原有石油輸出國輸入量的增加，使九江石油進口量一直攀升，達到一千兩百餘萬加侖，洋油控制了九江煤油市場，即使民國二年（1913）由於討袁戰爭的影響，使石油運輸受阻，進口量下降到八百六十九萬加侖，只及原來的百分之六十八，但是洋油輸入量為六百七十七萬加侖，本地產油只有

---

101 姚賢鎬：《中國近代對外貿易史資料（1840-1895）》（第三冊），中華書局，1962 年版，第 1389 頁。

一百九十二萬加侖。[102]本地油只及洋油輸入量的百分之二十八點四，很難打破洋油的壟斷地位。

火柴，作為人們日常生活的必需品之一，在「中國輸入的外國製造品中，任何東西都不及火柴這樣受到人們的歡迎並如此迅速的增加」[103]。因此洋火柴的輸入量增加極其迅速，見表6-5。

表6-5　1867-1894年火柴進口量統計表

年份	籠	海關兩	年份	籠	海關兩
1867	79236	71127	1881	1760480	746969
1868	172530	145939	1882	1904629	852596
1869	201450	149838	1883	1371698	602023
1870	160061	94820	1884	1198912	717432
1871	155157	127082	1885	2430633	1026644
1872	297122	196553	1886	1973731	804836
1873	265865	218299	1887	2276863	672175
1874	213723	176822	1888	3195389	1039842
1875	326863	186040	1889	3378284	1123022
1876	463555	260947	1890	4146895	1341291
1877	554812	286707	1891	4894611	1503591

---

102 九江海關檔案：Kiukiang Trade Reports，1911-1920。轉引自陳榮華等：《江西經濟史》，江西人民出版社，2004年版，第487頁。

103 姚賢鎬：《中國近代對外貿易史資料（1840-1895）》（第三冊），中華書局，1962年版，第1403頁。

104 每「籠」合144盒。

續上表

年份	籮	海關兩	年份	籮	海關兩
1878	926969	403110	1892	5227598	1423896
1879	1027010	414679	1893	6098356	1540387
1880	1419540	582545	1894	6615327	1638931

資料來源：姚賢鎬：《中國近代對外貿易史資料（1840～1895）》（第三冊），中華書局，1962年版，第1402頁。

由表6-5可知，從一八六七至一八九四年間，火柴進口數量雖有波動，但總體呈現增長的趨勢，一八六七年僅為79236籮，到一八九四年便飆升到6615327籮，之後火柴逐漸普及，最終「完全取代了原來的打火石和鐵片的地位」[105]。

毛織品。十九世紀七〇年代初期，英國開始向九江輸出毛織品，但因「江西省廣大的農業人口並不需要許多毛織品；有錢的紳士仍然喜歡穿綢緞，而使用大量羽毛做軍服，用羽綢和毛羽綾做軍服的軍隊數量也不多，不足以構成大量的需要」。[106]這種情況一直持續到十九世紀八〇年代末。

食糖。二十世紀初期，據九江海關檔案的《貿易報告：一九一五年》記載：「由九江進口之冰白各糖及火車洋糖，多自臺

---

[105] 姚賢鎬：《中國近代對外貿易史資料（1840-1895）》（第三冊），中華書局，1962年版，第1403頁。

[106] 姚賢鎬：《中國近代對外貿易史資料（1840-1895）》（第三冊），中華書局，1962年版，第1371頁。

灣、香港運來。」[107]其進口的總數是 153006 擔，比去年少了
4670 擔，這主要是由於這些地方產的糖「從香港船運到歐洲，
以滿足歐洲的大量需求，價格隨著需求的增加而上漲，商人們因
此獲利不小」。[108]另外贛南生產的甘蔗糖，不僅用於本省銷售，
也銷往漢口、安慶，其金額達一百萬元左右，但宣統二年
（1910）減為四十五萬元，宣統十二年（1920）再減為二十五萬
元。

　　零星物品。金屬主要有十幾種，包括鉛、鉛板、鉛錠、鉛
棒、鐵、鐵板、舊鐵、低碳鋼、低碳鋼纜、電線等，進口是很少
的，其中的鉛主要用於茶箱的鉛罐，大半運往南昌和廣信（今上
饒縣）銷售，而且進口鉛的數量在增加，「（今年，即 1874 年）
運入（江西）內地的鉛已經達到三千三百一十二擔，比一八七二
年有很大的增加。同治十一年（1872）運入的數量只是此數的三
分之一」[109]。另外，作為嬰兒食物的煉乳需求量逐年增加，洋
傘的輸入在光緒十四年（1888）比上一年增加五萬把，窗玻璃進
口量增加了三萬平方米，苯胺燃料、肥皂（大部分來自日本）、

107 九江海關檔案：《貿易報告：1915 年》，參見 Kiukiang Trade Reports，
　　　1911-1920。

108 Commercial Reports，1889 年，九江，P3。轉引自姚賢鎬：《中國近
　　　代對外貿易史資料（1840-1895）》（第三冊），中華書局，1962 年版，
　　　第 1444 頁。

109 Trade Reports，1874 年，九江，P53。轉引自姚賢鎬：《中國近代對
　　　外貿易史資料（1840-1895）》（第三冊），中華書局，1962 年版，第
　　　827 頁。

殺蟲劑、棕葉扇、海參等貨物的進口量也在不斷擴大中。

列強在將洋貨輸往內地的過程中，充分利用了子口稅的作用，招聘洋貨推銷員進行轉運，其主要商品有：棉織品、毛織品、糖、玻璃、化學染料等。首先是洋布和毛織品。通過領用子口單運入內地的洋布和毛織品是逐年增加的，見表6-6。

表6-6　領用子口單運入內地的洋布和毛織品對照[110]（單位：匹）

年份	領子口單輸入內地的洋布	領子口單輸入內地的棉織品
1872	108811	11265
1873	185168	19292
1874	224388	23027

資料來源：姚賢鎬：《中國近代對外貿易史資料（1840～1895）》第三冊，中華書局，1962年版，第826頁。

值得說明的是，以上兩種洋貨的最大銷售市場是南昌府，再就是萬載縣（安徽省安慶市居第三）。有史料曰：

> 本年（即1874年）運往南昌的洋布為114979匹，而一八七三年僅20806匹；一八七四年運往的毛織品為16455匹，一八七三年則為13926匹。次一個最大的銷售市場為安徽省會安慶，一八七四年運往該處洋布為45510匹，一八七

---

110 Trade Reports，1874年，九江，P53。轉引自姚賢鎬：《中國近代對外貿易史資料（1840-1895）》（第二冊），中華書局，1962年版，第826頁。

三年為 32392 匹；其次為江西河口鎮 18805 匹；再次為萬載
縣 16105 匹……再其次為萬載縣 16105 匹。[111]

可見列強勢力已經深入到以贛北為代表的江西內陸地區。

利用子口稅單從九江口運入洋糖的城鎮，屬江西省為多，其
次是安徽、湖北。但同治十一年（1872）發生在吳城鎮的釐卡扣
留子口稅單運洋糖事件，導致「商人對於請領從量徵收的子口單
還沒有恢復足夠的信心，他們寧願完納釐金而不願冒被關卡指控
數量不符的危險，以致影響貨運。這種理由也同樣適用於海帶與
其他食品」[112]。

利用子口稅單運入內地的鉛，同治十三年（1874）達到
3312 擔，遠遠超過前兩年的數量，其中同治十一年（1872）僅
及此數的三分之一。除此之外，請領子口稅單運入內地的貨物還
有玻璃 839 箱，化學染料 7300 瓶，布傘、綢傘 920 把，玻璃杯
218 打，煤油 370 加侖，中等縫針 25 萬枚。

由此可見，運用子口稅單作為傾銷洋貨的一個重要手段，也
是九江口岸洋貨內銷的一個重要特點，這不僅加快了洋貨霸佔九

111 Trade Repoerts，1874 年，九江，P53。轉引自姚賢鎬：《中國近代對
外貿易史資料（1840-1895）》（第二冊），中華書局，1962 年版，第
827 頁。

112 Trade Repoerts，1874 年，九江，P53。轉引自姚賢鎬：《中國近代對
外貿易史資料（1840-1895）》（第二冊），中華書局，1962 年版，第
827 頁。

江乃至江西市場的進程，而且成為資本主義國家擴大商品傾銷的一個重要殺手鐧。

洋貨傾銷和土貨被掠奪是聯繫在一起的。九江開埠通商以後，列強便以此為據點，將侵略勢力深入江西，其表現之一便是對江西土貨的掠奪，以滿足其資本增值和賺取利潤的目的。在某種程度上說，歐美國家對江西土貨的需求，刺激了本地經濟的發展，但是我們應該看到，這種以原料或者初級產品輸出為基礎的畸形經濟發展，是一種嚴重依賴歐美國家、缺乏經濟獨立的商業結構和完整的經濟體系，成為資本主義世界體系最低級的一環，參見表 6-7。

表 6-7 江西近代主要物產輸出數量（1863-1903）（單位：擔）

數量品名＼時間	同治二年（1863）	同治十二年（1873）	光緒九年（1883）	光緒十九年（1893）	光緒廿九年（1903）
茶葉	198209	225726	278148	219357	286386
瓷器	29100	10165	19482	33593	51513
紙	121815	21929	123109	113092	128965
夏布	1309	4058	5709	7270	12874
苧麻	13842	23433	4500	21933	26493
煙草	18003	5336	21939	70986	70463
大豆				9612	131398
大米					20334
芝麻				11	46092

続上表

品名 \ 時間 數量	同治二年（1863）	同治十二年（1873）	光緒九年（1883）	光緒十九年（1893）	光緒廿九年（1903）
靛青				14593	33435
柏油	3523	2594	4034	5489	17489
瓜子				915	17595
牛皮					8492

　　資料來源：據《江西省歷年主要產品輸出數量統計表》編製，轉引自：許懷林：《江西史稿》，江西高校出版社，1993 年版，第 645頁。

　　由表 6-7 可以看出，江西近代主要物產輸出數量基本上是呈增長的趨勢，說明當地物產出口之多。但是如果仔細觀察出產物品名稱，我們也可以看到全部為初級產品，沒有一項是工業製成品，這與江西工業嚴重落後有關，更是當時列強加緊掠奪土貨，阻礙江西本省工業發展的結果，從而使其成為他們的經濟附庸有關。雖然這些原料及低級手工業品的出口暫時給江西帶來了部分收入，甚至出現「一度繁榮」，但是大量原料的輸出，對本省工業尤其是近代工業的發展而言，畢竟不是好事，「江西逐步淪為世界資本主義的原料產地和商品傾銷市場，原有經濟產品、農業產品以畸形的方式進一步商品化、市場化」[113]。因此江西經濟

---

[113] 鐘建安、孫偉：《19 世紀中後期江西對外貿易對城鄉社會經濟的影響》，《江西師範大學學報（哲學社會科學版）》2004 年第 4 期。

的衰落與列強對江西土貨的剝削是有很大關係的。

　　十九世紀六〇年代，隨著長江沿岸各通商口岸（鎮江、九江、漢口）的相繼開埠，歐美各國列強接踵而至，並以此為突破口，爭相搶佔中國內地市場。從初期的商品輸出到後來的資本輸出，無一不是以掠奪物產、賺取利潤為目的的。就江西而言，列強選取九江為跳板，開始以傾銷廉價洋貨為手段，迅速敲開江西市場的大門，掠奪當地物產，嚴重摧殘著當地的傳統工商業；進入到帝國主義階段之後，列強便向江西輸出資本，霸佔贛省市場，控制經濟命脈，將其變為外國資本的原料產地和商品銷售市場。在列強廉價洋貨和雄厚資本的雙重衝擊下，江西經濟被進一步拖向崩潰的深淵。

二、晚清江西工業的艱難起步和緩慢發展

　　清末，在經歷了甲午中日戰爭的慘敗和八國聯軍侵華，以及義和團運動興起之後，內憂外患進一步加劇，清政府也認識到改革刻不容緩，部分愛國知識份子和地方士紳也提出「實業救國」的口號。在這樣的背景下，清政府內部出現了清末「新政」，部分開明官僚和民族資產階級也開始大規模的興辦近代工業。而作為「五省通衢」的江西省，卻在這一近代工業化的機遇面前，出現了少見的惰性，雖然部分贛省士紳竭盡全力，但與其他省份相比顯得微不足道，在黯然失色中看著鄰省的工業步伐越邁越大、

越走越遠。[114]本節筆者主要從兩個方面論述江西的衰落:一是江西近代工業的慢步緩進,二是贛省與鄰省近代工業的比較。希望以此來說明晚清時期,雖然江西開始了工業化的最初嘗試,但由於歷史和現實的原因,發展後勁不足,步履維艱,致使江西經濟喪失了現代化的機會,徹底淪落。

作為深居內陸的傳統農業省份——江西,思想較為保守,不為西洋「奇技」所動,更無聲望斐然的「中興之臣」推波助瀾,結果導致其在整個洋務運動期間,成為一塊工業化的荒漠之地。直到光緒八年(1882)才有了突破:「南昌第一家機器工廠是清光緒八年(1882)在南昌章江門外瓷器街開業的羅興昌機器廠,至此才揭開了江西工業史的第一頁。」[115]該時期江西主要有四家近代工業,見表6-8。

---

114 對此,許多學者已有相似觀點:如徐衛東、梁茜講到:「鴉片戰爭後,中國的自然經濟開始解體,中國陸續出現了由外國資本、清政府及官僚集團以及民族資本所經營的近代工業。從全國範圍看,江西近代工業出現的既晚且弱,這對近現代江西經濟的發展有著極其重要的影響和制約。」(參考徐衛東、梁茜:《江西近代工業述略》,《江西教育學院學報(社會科學)》1988年第2期。)崔運武也指出:「在中國近代化的歷史進程中,江西是起步較為遲緩的內陸省份之一。」參考崔運武:《論江西近代化起步遲緩的原因——對劉坤一撫贛十年未涉近代化進行透析》,《江西社會科學》1999年第4期。

115 李金波:《晚清至民國南昌城市工商業發展與城市生活的變遷》,南昌大學碩士學位論文,2007年。

表6-8　起步時期（19世紀後半期）江西近代工業

企業名稱	地點	創辦時間	創辦人	性質	投入資金	備註
羅興昌機器廠	南昌	1882 年	不詳	商辦	5000 元	116
江西子彈廠	南昌	1898 年	不詳	官辦	4.4 萬元	規模小，日產子彈 80 粒
萍鄉煤礦局	萍鄉	1898 年	不詳	官辦	69.9 萬元	117
榮昌火柴廠	九江	1899 年	塗子良	商辦	不詳	118

　　資料來源：傅春官：《江西農工商礦紀略·工務》，清光緒三十四年石印本。

116 羅興昌機器廠，工人二十餘人，主要從事碾米機、抽水機和柴油機引擎的製造和修理。

117 萍鄉煤礦：位於江西袁州府萍鄉縣南十五里安源地方，是中國開發最早的大型煤礦之一。為滿足漢陽鐵廠對焦炭的需求，一八九八年由盛宣懷會同張之洞，奏請朝廷，採用西法在安源興辦萍鄉煤礦，由道員張贊宸負責籌辦，李壽銓任機礦處長，資本一百萬兩，從事開採。後由於資金問題改為官渡商辦企業，引進德國機械化開採技術，採用機械化設備開採和新式洗煤機，實行機械化開採，成為南方各省唯一用機器開採的煤礦。一九〇七年採用德國發電機（每台容量 1600 千瓦），成為國內最早的以電力為動力，用於機械採煤、洗煤、運輸、煉焦的煤礦之一，一九〇八年與漢陽鐵廠、大冶鐵礦及石灰窯合組為漢冶萍煤鐵廠礦有限公司，成為一商辦企業。一九一一年，萍鄉煤礦產量達 1115614 噸，焦煤 166062 噸，產煤量全國第三，僅次於開灤和撫順，占全國煤炭產量的十分之一，為東亞大礦之一。

118 關於榮昌火柴廠的經營情況，根據一九〇〇年十一月二十四日的《中外日報》記載：「榮昌火柴公司生意較前稍旺，每日所出十餘箱，均能銷罄。其牌名雙鶴。因其根頭較小，故比外洋火柴根數稍多雲。」後因資本不敷而停工。

由表 6-8 可見，該時期，江西近代工業，不僅起步晚，數量少，而且投入資金相對較少，雖有萍鄉煤礦局這樣的大型企業，但畢竟不能改變本省工業化的整體水準。而同一時期，江西鄰省的工業化已經有了長足的進展，見表 6-9。

表 6-9　19 世紀後半期江西鄰省所建近代官辦或官督商辦工業

企業名稱	創辦地點	創辦時間	創辦人	性質	經費數	備註
安慶軍械所	安徽安慶	1862 年	曾國藩	官辦	不詳	1864 年裁撤
上海槍炮局	上海	1863 年	李鴻章	官辦	不詳	119
上海洋礮局	上海	1865 年	李鴻章	官辦	不詳	
江南製造總局	上海	1865 年	曾國藩李鴻章	官辦	16981974 兩	規模最大的軍火廠
福州船政局	福建福州	1866 年	左宗棠	官辦	15422590 兩	規模最大造船廠
福建機器局	福建福州	1869 年	英桂	官辦	142655 兩	規模較小
基隆煤礦	福建臺灣	1872 年	沈葆楨	官辦	不詳	
廣州機器局	廣東廣州	1874 年	瑞麟	官辦	527320 兩	後由劉坤一、張之洞擴建。
廣州火藥局	廣東廣州	1875 年	劉坤一	官辦		小型
湖北廣濟興國煤礦	湖北	1875 年	盛宣懷	官辦	186480 兩	120

119 上海槍炮局，共分三局：一個於一八六三年併入蘇州槍炮局，另兩個於一八六五年併入江南製造總局。

120 上海機器織布局，設置紗錠三點五萬枚，布機五三〇架，投產後獲利頗豐。

續上表

企業名稱	創辦地點	創辦時間	創辦人	性質	經費數	備註
湖南機器局	湖南長沙	1875 年	王文韶	官辦		小型
上海機器織布局	上海	1876 年	李鴻章	官督商辦	1418203 兩	
淡水石油礦	福建臺灣	1877 年	丁日昌	官辦		
安徽池州煤礦	安徽池州	1877 年	楊德	官督商辦	10 萬	
兩湖北鶴峰銅礦	湖北	1882 年	朱季雲	官督商辦		
湖北施宜銅礦	湖北	1882 年	王輝遠	官督商辦		
安徽貴池煤礦	安徽	1883 年	徐潤	官督商辦		
安徽池州銅礦	安徽	1883 年	楊德	官督商辦		
廣東機器局	廣東廣州	1885 年	張之洞	官辦		小型
福建石竹山鉛礦	福建	1885 年	丁樅	官督商辦		
廣東香山天華銀礦	廣東香山	1888 年	何昆山	官督商辦		
湖北槍炮局	湖北漢陽	1890 年	張之洞	官辦	210 萬兩	大型
湖北大冶鐵廠	湖北大冶	1890 年	張之洞	官辦	4 萬兩	**121**
湖北織布局	湖北	1890 年	張之洞	官辦	1342700 兩	
湖北大冶王三石煤礦	湖北大冶	1891 年	張之洞	官辦	50 萬兩	
馬鞍山煤礦	湖北	1891 年	張之洞	官辦		
湖北紡紗局	湖北	1894 年	張之洞	官辦	50 萬兩	
湖北繰絲廠	湖北	1894 年	張之洞	官商合辦	111200 兩	

續上表

企業名稱	創辦地點	創辦時間	創辦人	性質	經費數	備註
華盛紡織總廠	上海	1894 年	李鴻章	官督商辦	920290 兩	**122**
和豐火柴廠	湖南	1895 年	陳寶箴	官辦	一萬兩	
黃金洞金礦	湖南	1897 年	不詳	官辦		
水口山鉛礦	湖南	1897 年	不詳	官辦		
寶善成公司	湖南	1898 年	王益吾	官辦		**123**

資料來源：孫毓棠：《中國近代工業史資料（1840-1895 年）》第1 輯上下冊，科學出版社，1957 年版；陳真：《中國近代工業史資料》第 3 輯，1961 年版；嚴中平：《中國近代經濟史統計資料選輯》；宓汝成：《中國近代鐵路史資料》（第一冊）；牟安世：《洋務運動》；虞和平：《中國現代化歷程（第一卷）》，江蘇人民出版社，第 135、140—142 頁。

結合表 6-8 和表 6-9 可知，江西鄰省十九世紀末所創立的近代工業在數量上分別是：湖北十一個、上海五個、福建五個、廣

---

121 湖北漢陽鐵廠湖北漢陽 1890 年張之洞官辦 4 萬兩漢陽鐵廠，擁有煉生鐵廠、煉熟鐵廠、煉貝色麻鋼廠、煉西門士鋼廠、煉鋼軌廠等 6 個大的工廠和機器、鑄鐵、打鐵、魚片鉤釘 4 個小廠。1894 年正式生火投產，可日產鐵 100 餘噸，鋼 60 噸；同時還經營大冶鐵礦和運礦鐵路、馬鞍山煤礦和煉焦廠，堪稱遠東第一大型鋼鐵聯合企業。

122 華盛紡織總廠，擁有紗機 64556 錠，布機 750 張，1894 年 9 月正式投入生產。

123 寶善成公司，製造電氣燈、東洋車、及銀元礦物各局一切應用之件。

東四個、安徽四個、湖南四個。當然，上述兩表統計並不完全，而且，僅是官辦或官督商辦企業，其中上述各地的民辦企業由於過多，並未列出。顯然，江西鄰省單就官辦企業的數量就超過了同時期江西近代企業的總和。如果算上企業規模，江西更顯落後。江南製造總局、安慶機械所、福州船政局、湖北漢陽鐵廠均是當時赫赫有名的企業，相比之下，江西官辦企業規模較大的只有萍鄉煤礦局一家，並在數年之內，官辦企業並未有新的突破；在投資上，鄰省工業資金動輒十萬到數十萬甚至近百萬不等，也是贛省企業望塵莫及的。

　　同時期鄰省的民辦企業更是如火如荼地發展起來，江西根本無法望其項背。《湖南省志》寫道：「這時湖南各縣、鄉鎮企業迅速出現，一八九五年僅火柴廠就在安化益陽桂陽三地辦了三個……一八九六年僅礦業就開辦了平江黃銅金礦，新化錫礦山銻礦，益陽板溪銻礦等十幾處，出產的產品『多銷往外地，頗有聲譽……獲得了一定的發展』。」[124]對此，萬振凡教授也作過相似的論述：「考察整個近代江西，對外資入侵的反應在主觀上顯得十分遲緩和被動，走的是後一條道路（依舊故我地搞老一套）。而鄰省像廣東、江蘇、浙江、福建、湖北、湖南等對外資入侵的反應相對比江西早，也比較積極主動。這種主動和捷足先登，對這些省份近代及以後的經濟發展有很大的影響。我們認為正是這

---

[124] 湖南省志編纂委員會：《湖南省志》（第一卷），湖南人民出版社，1975年版，第147、149、150頁。

點才拉開了近代及以後江西與鄰省經濟發展的距離。」[125]因此在十九世紀末，洋務運動大發展時期，江西已經遠遠落後於鄰近省份，成為近代化的棄嬰。

甲午中日戰爭之後，列強急劇增加商品輸出和資本輸出，破壞並瓦解了中國的自然經濟，為近代工業的建立創造了客觀條件。江西省的近代工業，在清末「新政」、發展工業、振興實業的刺激下，開始了真正的發展。萬振凡等人的研究指出：「據統計，江西在此階段創辦的大小不同的工礦企業有兩百家……從自身發展看，其發展是空前的，不僅表現在數量上增長很快，由四個增加到兩百個，而且在工業部門、產品種類上也有新的突破，規模日益擴大，資本萬元企業也由幾家增加到十三家。」[126]但是就全國而言，江西的近代工業，還是落後的，據姜良芹的《成長在後續上的困境》中寫道：「（江西的）這些企業……其規模較小……資本總額一百九十二點一萬元，且在全國所占比重很低，工廠數不到百分之二，資本數不到百分之一點四。」[127]而且其主要集中在輕工業，重工業則相對薄弱，正如《江西年鑑》所說的：「今日江西之所謂工業，手工業多，機械工業少，實質雖不

---

125 萬振凡：《論近代江西農業經濟轉型的制約因素》，《中國社會經濟史研究》2004 年第 4 期，第 8 頁。

126 萬振凡、林頌華：《江西近代社會轉型研究》，中國社會科學出版社，2001 年版，第 86 頁。

127 姜良芹：《成長在後續上的困境》，《江西社會科學》1993 年第 2 期，第 62 頁。

足以言工業，然其形式卻不失為工業也。」[128]

　　贛省輕工業主要涉及紡織業、燒瓷業、造紙業，另外，還有一些規模較小的行業，如樟腦、火柴、肥皂等。[129]

　　紡織業。作為資本主義經濟產生較早的紡織業，興起於二十世紀初期。從官僚資本而言，官辦企業有官府支持，發展較快，數年之內在省、縣創設了工藝局、所、場。光緒二十七年（1901），江西巡撫李興銳和新任藩司柯逢時「再四籌維，於省城設工藝院一所……通飭各州縣就地籌款，各設一院，次第興辦」。[130]光緒三十年（1904），鄱陽縣成立工藝院，置買東洋軋花機數架，「每日一機能出淨花二三百斤」，與傳統的土車「每日僅十餘斤」的效果相比，「力省工倍」，起到較好的示範效果，之後，「用機器開辦，工省而貨佳」的觀念，逐漸成為當地民眾的共識，鄱陽縣，「城內已有購機製造者，風氣已開，可期推

---

128 《江西年鑒》，第 937 頁。轉引自徐衛東、梁茜：《江西近代工業述略》，《江西教育學院學報（社會科學）》1988 年第 2 期，第 59 頁。

129 王亮：《壓力與機遇並存——清末「新政」時期江西輕工業的發展》，《法制與社會‧社會觀察》2009 年第 17 期。後面相關論述從王文多有參考，特此說明。

130 《江西巡撫李興銳奏設工藝院一所》，《光緒政要抄本‧實業三》，轉引自龐振宇、鄧燕平：《清末新政與近代江西實業之興——以〈江西農工商礦紀略〉為中心》，《江西師範大學學報（哲學社會科學版）》2007 年第 1 期，第 65 頁。

廣」[131]。是年七月，泰和士紳蕭紹渠，「獨力捐建工藝院」[132]，「收養遊民四十名，雇傭工師四人，常年用款，約一千四五百串」。以上材料表明，由於受官府的宣導與鼓勵，江西各地興辦工藝事業不斷。據《世界年鑑》一九一三年記載：「江西全省有工藝局、所、場九十七家，其中工藝局七家，所七十六家、勸工廠四家、公私建設工廠十家。」[133]確實形成了一定的規模。

就民族資本而言，士紳曾秉玉於光緒二十六年（1900）在南昌創辦了織布工藝局，他「獨出萬金，於城外設工藝局，專織各種洋布，廣收藝徒」，「創開風氣，成效可觀」。[134]孫保辰於光緒三十年（1904）在清江創辦的金鳳有限公司，其規模較大：擁有織機五十餘台，工人為清江本地婦女，聘請上海頭等機匠六名，每日生產柳條洋布十餘匹，銷往袁州、吉安、贛州等地。[135]饒曾春也於本年在鉛山創辦了專門織造各式棉布的鼎興織布公司，實行股份制，並以支付工資的形式雇傭工人進行生產，「招集股

131 （清）傅春官：《農工商礦紀略》，見《饒州府·鄱陽縣·工務》，清光緒三十四年（1908）石印本，江西省圖書館藏，第 4 頁。

132 （清）傅春官：《農工商礦紀略》，見《九江府·泰和縣·工務》，清光緒三十四年（1908）石印本，江西省圖書館藏，第 2 頁。

133 彭澤益：《中國近代手工業史資料（1840-1949）（第二卷）》，中華書局，1962 年版，第 576 頁。

134 龐振宇、鄧燕平：《清末新政與近代江西實業之興——以〈江西農工商礦紀略〉為中心》，《江西師範大學學報（哲學社會科學版）》2007 年第 1 期，第 65 頁。

135 清江縣志編纂委員會編：《清江縣志》，上海古籍出版社，1989 年版，第 124 頁。

本一百份，每份英洋一百元，由公司印給股票，並另備息折一扣，每年以五釐行息，按季憑折支付，如後獲有贏餘，年終按股再分紅息。開辦之初，擬招募別處工匠四五十名，以為教習。……工藝勤熟，分別優劣，酬給工資，以示鼓勵」[136]。說明股份制不僅在江西民族企業中實行，而且在集資方面顯示了一定的優越性。另外，該公司還獲得了清政府的特惠：「准予專利五年，該公司所織棉布，依照進口稅則，以尺幅長短闊狹，分別徵稅。行銷二卡以外，應收全稅，二卡以內，准收半稅」[137]，因此生意興隆，可見政府支援對民間企業的發展至關重要。

　　雖然官僚資本主義受到官府的支援更多，但在江西，無論是生產規模還是資金籌集，民族資本主義的經濟成分都大於官僚資本主義。以資本為例，官辦織布公司最大者是由省臬司柯逢時於光緒二十七年（1901）創辦的工藝院，資金五千兩，為商辦公司的一半；小者如光緒三十一年（1905）創辦的弋陽工藝院資本僅有一百五十元，是商辦公司的八分之一。[138]新政時期江西創辦了很多商辦的紡織公司，見表6-10。

---

136 張贊霖：《擬辦鵝湖織布公司條議附呈簡明章程六條》，《江西官報》甲辰年（1904），第17期，函告，江西省圖書館藏。

137 （清）傅春官：《農工商礦紀略》，《臨江府・鉛山縣・工務》，清光緒三十四年（1908）石印本，江西省圖書館藏，第4頁。

138 陳榮華等：《江西經濟史》，江西人民出版社，2004年版，第511頁。

表 6-10　新政時期江西紡織行業部分商辦企業一覽[139]

公司名稱	創辦時間	所在地	創辦人	資本額
鼎興織布公司	1904 年	鉛山	饒曾春、張贊霖	0.4 萬元
阜昌公司	1904 年	廬陵	不詳	不詳
同濟織布公司	1904 年	贛縣	不詳	不詳
春茂公司	1905 年	樂平	何家台	不詳
金鳳有限公司	1906 年	清江	孫葆辰	1 萬元
大庾機器成衣鋪	1906 年	大庾	楊祥雲	不詳
織布公司	1907 年	龍泉	梁世淮	不詳
志強織業公司	1907 年	萍鄉	葉先均	1 萬元

資料來源：（清）傅春官：《江西農工商礦紀略》，《工務》《商務》，光緒三十四年石印本。

燒瓷業。作為江西省製造業大佬之一的燒瓷業，最早起於光緒二十九年（1903）由孫廷林創辦的景德鎮陶瓷公司，擁有資產五萬五萬元，是一種官商合辦企業，但四年後經營不善，瀕臨破產，後改為商辦。江西巡撫於光緒三十三年（1907）奏請開辦新的瓷器公司「以振工藝，保利權」。到宣統二年（1910）正式成立商辦性質的「江西瓷業公司」，享有「凡出口之貨只定正稅一道，若在江西內地零銷，納稅定值百抽五之率，……出口正稅，

---

139 龐振宇、鄧燕平：《清末新政與近代江西實業之興——以〈江西農工商礦紀略〉為中心》，《江西師範大學學報（哲學社會科學版）》2007年第 1 期。

沿途不再重徵」**140**的優惠，而且其內部「設總協理二人為名譽職，經理一人以廠長代行職權，負公司全責。以下又有各課主任，分理其職司……各課之中，又有作目，以董其事，器之良窳，工之勤怠責專。綱舉目張，誠合乎公司組織法也」**141**。在這樣的條件下，公司發展迅速，逐漸形成了「公司造瓷，多用機器」的良好局面，並先後創建了總廠和分廠。其總廠設在景德鎮，廠內分工細緻，各司其職，各盡所能，選材燒瓷，極富考究，「幾與前清之御窯媲美」，其造瓷多仿西式，每四日出窯一次，年值約兩千元。**142**另外在鄱陽縣設立分廠，附設陶瓷學堂**143**，培訓技術工人。該學堂的第一創辦人是張浩**144**，他堅持以傳授機械製瓷、煤窯燒瓷技術為教學目標，以實現取代手工操作、降低成本、提高勞動生產率的願望。另外，在九江、漢口、

---

140 （清）傅春官：《農工商礦紀略》，《饒州府・浮梁縣・商務》，清光緒三十四年（1908）石印本，江西省圖書館藏，第 8 頁。

141 江西輕工廳陶瓷研究所編：《景德鎮陶瓷史稿》，三聯書店，1959 年版，第 272 頁。

142 參考許懷林：《江西史稿》，江西高校出版社，1998 年版，第 632 頁。

143 陶瓷學堂，辛亥革命後，由於政局動盪，與總廠分離，更名為「江西省立陶業學校」，歸省管，1915 年又改為江西省立甲種工業學校，於次年在景德鎮設分校，定名為江西省立乙種工業學校。參考許懷林：《江西史稿》，江西高校出版社，1998 年版，第632頁。

144 張浩（1876-?），字犀侯，新建縣人，留學日本，專攻窯業。1906 年回國，與康達合作開辦陶瓷學堂，後任甲種工業學校校長。他試驗改燒煤窯，採用腳踏轆轤、手動碎釉機，印花、刷花、石膏模型注坯等新工藝，在培養人才、發展陶瓷生產技術等方面，成就顯著。參考許懷林：《江西史稿》，江西高校出版社，1998 年版，第 632 頁。

上海設立發行所，統一生產與銷售，減少了仲介商的盤剝。清末
「新政」時期創辦的瓷業公司，見表 6-11。

表 6-11　清末「新政」時期江西部分瓷業公司一覽

企業名稱	創辦時間	所在地	創辦人	資本	性質	經營情況
景德鎮瓷器公司	1903 年	景德鎮	孫廷林總辦（候補道員）	5.5 萬元	官商合辦	上文已述
萍鄉瓷業公司	1904 年	萍鄉	黎景淑	20 萬元	商辦	（一說次年為官商合辦）
復古窯廠	1904 年	橫峰	滕誠	3 萬兩	商辦	**145**
保源滇材公司	1905 年	景德鎮	陳賡昌（商人）	4 萬元	商辦	採集雲南瓷土，專門製作青花瓷器
瓷業有限公司	1905 年	萍鄉上埠	文乃麒（商人）	3 萬元	商辦	招募景德鎮瓷工，主要造土碗
振興釉果公司	1906 年	浮梁東鄉	鄭之梁等	1 萬兩	商辦	不詳
江西瓷業公司	1907 年	景德鎮	瑞澂（上海道員）、李嘉德、曾鑄（均為候補道員）	20 萬元	商辦	上文已述
日新瓷業公司	1908 年	景德鎮	程箎	2.8 萬元	商辦	不詳

資料來源：（清）傅春官：《江西農工商礦紀略》，《工務》，光

---

145 仿景瓷。1907 年因耗折和水災，虧空過巨，停辦大窯廠，維持小窯廠。

緒三十四年石印本；汪敬虞：《中國近代工業史資料（1895-1914年）》
第二輯（下），科學出版社，1957年版。

造紙業。創立於光緒二十八年（1904）、並於兩年後重設的
江西農工商礦局，致力於整頓各業，振興商務。在造紙方面，該
局官員黃大塤、陳三立、劉景熙、胡發珠在《創辦機器造紙公司
稟》中稱：「紙張為江西出產大宗，近來洋紙盛行，銷場已滯，
而價值反日漸增昂，愈難抵制。若不設法改良，力權恐將盡
失。」[146]江西本是造紙大省，但所造紙張多為手工，隨著洋紙銷
售的增加，手工造紙業出現頹勢。「（江西）紙業分粗細兩行，
粗紙向銷於長江各埠，為冥錢紙煤之用。近年來迷信漸除，又紙
煙流行，紙煤亦無所用。細紙則因洋紙價廉物美，大受打擊，故
紙業尤為失敗，如不設法大加改良，恐難免天演淘汰之悲
也。」[147]在這樣的背景下，黃大塤等紳商主張集股創辦機器造紙
公司，以實現「振興土產，抵制外商」的目的，於光緒三十年
（1906）在南昌建立官商合辦的江西機器造紙廠，資本共計四十
二萬元（內有官股 6 萬元）。是年十一月，金溪縣許灣「開設染
紙作坊，銷路甚廣」，又「往蘇州雇請蠟箋工師，試作箋紙，以
廣銷路」。次年十二月，信豐縣作紙槽戶蔡榮昌等，均擬籌建資

146　《江西農工商礦局紳黃大塤、陳三立、劉景熙、胡發珠介辦機器造紙
　　　公司稟批》，《江西官報》，「甲辰年第十四期·奏牘二」。

147 許懷林：《江西史稿》，江西高校出版社，1998年版，第 633 頁。

本，先製改造白紙器具，再雇福建延平紙匠，改良造紙。[148]

其他行業。樟腦，作為江西盛產之物，用途甚廣。「新政」期間，稟准設立公司者，「先後有南昌生利、新建興利、贛州益華、萬安務本、南安同益、廬陵裕華、清江志成、龍泉開源、安福章華、吉水福利十起」[149]。光緒三十二年（1906）冬，在江西「設立樟腦官局，由藩司撥款三千兩，以為開辦經費，委洪倅嘉蔭理其事。三十三年春間，於德勝門外建設局廠，一俟竣工，即可設灶熬腦矣」[150]。樟腦業的發展，使樟腦成為江西重要出口產品，據《江西經濟問題》記載：「在光緒三十四年（1908）至一九一七年間，江西輸出樟腦兩萬一千八百三十五擔，樟油為一萬零七百三十八擔。每年樟腦之平均出口兩千兩百擔。」[151]清末「新政」時期江西部分樟腦公司情況見表6-12。

148 龐振宇：《清末江西新政與社會變遷》，江西師範大學碩士學位論文，2007年，第73頁。

149 （清）傅春官：《農工商礦紀略》，《南昌府・商務》，清光緒三十四年（1908）石印本，江西省圖書館藏，第8頁。

150 （清）傅春官：《農工商礦紀略》，《南昌府・商務》，清光緒三十四年（1908）石印本，江西省圖書館藏，第8-9頁。

151 江西省政府經濟委員會編：《江西經濟問題》，學生書局，1971年版，第3頁。

表6-12　「新政」期間江西部分樟腦公司一覽

企業名稱	創辦時間	所在地	創辦人	資本	性質	經營情況
生利樟腦公司	1903 年	南昌	縣梁基（商人）	1 萬兩	商辦	設灶熬腦於泰和、星子、宜春三處
興利樟腦公司	1903 年	新建	薛維貞（商人）	不詳	商辦	采料於南昌、瑞州、袁州、臨江四府
開元樟腦公司	1903 年	遂川	郭振聲（稟生）	300 元	商辦	所出之貨竟有廣客至廠爭買，采料萬安，並就地設灶
益華樟腦公司	1904 年	贛縣	林品珊等	不詳	商辦	至 1906 年底，出樟腦 15950 斤，售洋 23130 元
務本樟腦公司	1904 年	萬安	孔憲雙	不詳	商辦	不詳
江西樟腦官局	1907 年	南昌	洪嘉蔭（候補通判）	6.9萬元	官商合辦	上文已述
江西樟腦官局	1907 年	南昌	洪嘉蔭（候補通判）	6.9 萬元	官商合辦	上文已述
章華熬腦官局	1907 年	安福	劉葆忠等	不詳	官辦	1907 年前為商辦樟腦有限公司，後改為官辦。產品運九江，轉銷外埠
福利樟腦公司	1907 年	吉水	陳振興	0.4 萬元	商辦	不詳
裕華樟腦公司	1907 年	盧陵	許玉堂	不詳	商辦	不詳
志成樟腦公司	1907 年	清江	陳鴻寶（商人）	0.3 萬元	商辦	不詳

資料來源：（清）傅春官：《江西農工商礦紀略·工務》，光緒四十三年石刊本，江西省圖書館藏。

肥皂業。光緒二十八年（1902）在九江創辦的肥皂廠，於次年產出一千一百五十箱，三十三年（1907）生產三千箱，每箱五十鎊，成色介於歐日產品之間，其產品運銷省內及漢口，但由於諸多困難，於是年停辦。清末「新政」時期江西部分其他行業一覽表，見表 6-13。

表 6-13　清末「新政」時期江西部分其他行業一覽

企業名稱	創辦時間	所在地	創辦人	資本	性質	經營情況
肥皂廠	1902 年	九江	不詳	2 萬元	商辦	上文已述
吉祥機器磚瓦公司	1906 年	南昌	徐象藩（候補知縣）	1.4 萬元	商辦	
火柴公司	1906 年	九江新壩	黃壽國	不詳	商辦	
制蛋廠	1906 年	九江	宛錫庚	不詳	商辦	
全體適製造廠	1906 年	南昌	熊葆丞	不詳	商辦	專製洋式木器
工藝所	1907 年	萍鄉	李丙榮	0.3 萬元	商辦	製造木、鐵器具
厚生機器碾米公司	1908 年	南昌	肖庚良（商人）	14 萬元	商辦	於廣潤門外設總公司，城內多設分店
江西省城電燈公司	1908 年	南昌	賀贊元（舉人）	5 萬元	商辦	供應城區照明，後因經營不善，虧損甚巨。
南昌恒泰麵粉廠	1909 年	南昌	不詳	1000 元	商辦	每日產量 400 斤，每年出面總值 6000 元。

　　資料來源：（清）傅春官：《江西農工商礦紀略·工務》第 1 卷；《經濟旬刊·南昌市工業狀況》第 18 期。

　　相對於輕工業而言，江西近代重工業，數量較少，結構單

一，投資額比較大的主要為礦冶業，這顯然是因為江西有比較豐富的礦產資源。關於這一時期礦冶業情況，見表 6-14。

表 6-14　清末江西礦冶業（1900-1911）

廠名	開辦時間	地點	資本額	備註
白茅錳礦	1906 年	萍鄉		湖北鐵廠委員陶德光奉命設局開採，礦石分為硬錳礦和軟錳礦。
楓港煤礦	1900 年	餘干		官辦企業，賀錫藩任總辦，每日出煤二百噸。
餘幹呈山煤礦	1903 年	餘干	0.6 萬元	官辦企業，後連年虧損，耗資 2.6 萬兩，1906 年被迫停產。
餘幹官煤局煤礦	1908 年	餘干	11.2 萬元	官辦企業，沈瑜慶創辦，每日產煤 40-100 噸，後因種種弊端，負債破產。
羊樂煤礦	1903 年	樂平		包括保家嶺、荷數坳、茅屋場煤礦。
鳴山煤礦	1904 年	樂平	7.2 萬	兩後因資金短缺，煤場並未辦成。
石麟岡煤礦	1904 年	新建		陶鈞榮領證開辦，出煤不多時開時停。後由隗巡檢接管煤礦，日出煤三百斤。
新建徐塘煤礦	1905 年	新建	167832 元	朱家俊領照開採，為當時江西最大的商辦煤礦，所產之煤銷往江西各縣。
保富鐵礦有限公司	1906 年	永新		賀贊元創辦，向外輸出鐵礦石。

續上表

廠名	開辦時間	地點	資本額	備註
永新錳礦	1906 年	永新		周昺創辦，後因本人屢生事端，被勒令停辦。
鉛山同孚煤礦	1903 年	鉛山		包括佛母嶺、揭家塢煤礦，所出之煤僅供炊焚之用，連年規模縮小。
上饒爛泥灣煤礦	1907 年	上饒		督辦江普熏。
九江城門山鐵礦	1906 年	九江		年產量 600 多萬噸，大部被省內購買，部分銷往漢陽鐵廠。
九江機器廠	1906 年	九江		黃鈞創辦，修理小輪等。
石城高田村鐵礦	1904 年	贛州石城		專門鑄造鐵罐、鐵鍋、農具等，銷售不多。
贛州銅礦	1907 年	贛州贛縣	20.8 萬元	藩司沈瑜慶與礦師池淬貞銓創辦，為官辦企業，後因勘探有誤，出銅過少，被電告停辦。
生記滑石礦物公司	1905 年	貴溪	0.3 千元	商人楊保康創辦，規模較小，後與鄰縣同行紛爭，被迫停產。
泰和集益鐵礦公司	1907 年	泰和	2 萬元	李至盛創辦，是一小型商辦企業。

　　資料來源：徐衛東、梁茜：《江西近代工業述略》，《江西教育學院學報》1988 年第 2 期，第 57、58 頁；趙樹貴、陳曉鳴：《江西通史・晚清卷》，江西人民出版社，2008 年版，第 248-255 頁。

甲午戰爭後，尤其是清末「新政」時期，洋務派的官辦和官督商辦企業，基本上是繼承前一階段的發展，進行內部的調整和重組，受到中央財政的約束，很少有大型企業的創立。而民族資產階級經過前一階段的孕育之後，該時期煥發出十足的活力，從一九〇〇至一九一一年先後創辦了許多工業企業，出現了一個高潮，見表 6-15。

表 6-15　中國資本工礦企業的設立（1900-1911）

年份	廠礦總計		其中：紡織業		其中：礦冶業	
	家數	設立資本（千元）	家數	設立資本（千元）	家數	設立資本（千元）
1900 年	13	3304	7	2164	-	-
1901 年	6	145	2	58	-	-
1902 年	20	4059	6	318	4	296
1903 年	12	622	1	30	3	169
1904 年	26	6121	5	726	3	818
1905 年	60	8138	15	1704	5	744
1906 年	68	22901	17	3875	8	4237
1907 年	58	14058	12	3880	8	1978
1908 年	52	16122	8	2829	10	4433
1909 年	36	6638	9	537	9	2733
1910 年	32	7398	9	364	3	348
1911 年	16	2087	1	40	2	283
合計	399	91593	92	16525	55	16039

資料來源：汪敬虞：《中國近代工業史資料（1895-1914 年）》第二輯下冊，科學出版社，1957 年版，第 645 頁。

將表 6-15 和表 6-10 相比較，同樣是紡織業，一九〇〇至一九一一年，全國設立千元以上的共計九十二家，在江西，共三家，占百分之三點二六；表 6-15 和表 6-14 相比，同樣是礦冶業（除去官辦），全國千元以上的共計五十五家，江西有三家，占百分之五點四五；表 6-15 與表 6-10、表 6-11、表 6-12、表 6-13、表 6-14 的資金數額相比，前者共計 9159.3 萬元，後五表（除去官辦）投資數額相加得 152.4432 萬元，江西在該時期投資額占全國的百分之一點六六。從而可見江西在全國近代化過程中所占的份額是如此的微乎其微，這正是其經濟衰落的體現。

　　綜覽江西工業的發展，我們可以瞭解到，江西的近代工業發展具有以下幾個特點：

　　一是出現較晚，發展緩慢。兩次鴉片戰爭後，外國列強紛紛侵入中華興辦近代企業，各地洋務派也先後創辦了軍事工業和民用工業。而江西雖有九江開埠，卻未跟上洋務運動的步伐，到二十世紀初才有一些起色，且發展極其緩慢。《中華民國史檔案資料彙編》講到：到辛亥革命前夕，江西資本萬元以上的企業僅十三家，不到總數目的百分之二，即使是北洋政府時期，江西規模較大的企業僅二十家，占全國九百〇二家的百分之二點二。**152**

　　二是分布不均，北強南弱。江西的近代工業主要集中在南昌、九江、萍鄉、景德鎮四個城鎮，其他地方相對較少。作為江

---

152 中國第二歷史檔案館：《中華民國史檔案資料彙編》（第三期），江蘇古籍出版社，1998 年版，第 337 頁。

西省會和政治、經濟、文化中心的南昌，是贛省重要的商品集散地和手工業、商業城市，近代企業最多，以製革業、碾米業、印刷業最為發達；作為長江中游南岸重要港口的九江，開埠後，是外國勢力入侵較早的地區之一，因而集中了大量的外國資本主義企業，十九世紀九〇年代中期為收回權利興辦許多民族企業，僅次於南昌；位於贛省西部、煤礦蘊藏豐富的萍鄉，於一八九八年創辦的煤礦局，投資六十九點九萬元，成為江南規模最大的煤礦；作為享譽中外的瓷都景德鎮，也是明清四大名鎮之一，商品經濟發達，當地士紳大力發展製瓷業，並用機器生產，與洋瓷抗衡。

　　三是輕工業為主，重工業偏少，且規模較小。中國資本主義近代化工業走的是一條先重工業、後輕工業的過程，江西亦是如此。但是由於重工業所需資金巨大，江西無力支持，只能轉向資金需求小、周轉快的輕工業，這也就導致了其近代工業結構極不合理。雖然有萍鄉煤礦這種大型企業，但畢竟是少數，所占比例尚小，因而絕大部分是機械化程度較低的輕工業，嚴重影響了整個江西工業化的進程。

　　四是江西省近代工業遠遠落後於全國同時期工業發展水準和規模。據《中國近代工業史資料》和《洋務運動與中國企業》講到：光緒二十一年（1895），全國共有洋務派官僚興辦的近代軍事工二十一個，其中分布在華東各省的有十四個，唯獨夾在中間的江西一個也沒有。同年，全國有機器開採的煤礦十六個，金屬礦二十三個，其中華東各省擁有煤礦七個，金屬礦六個，而江西又是一個都沒有。據統計，江西在民國七年（1918）以前的近

兩百家企業中，資本在十萬元以上的只有十家，占百分之五，一萬元以下的約二十家，占百分之十，一萬元以下的約一百七十家，占百分之八十五。企業資本少，說明其規模小，機械化程度低。

總的看來，近代江西在工業上是全面落後於全國。即使在清末「新政」時期，出現了興辦工業的高潮，但無論是從數量、規模，還是資金及企業種類等諸多方面來看，均落後於全國。

第二節 ▶ 回顧與反思

回顧宋至清江西經濟發展歷程，江西經濟曾經的輝煌與後來的衰落之間形成了巨大反差，這種反差所蘊涵的經驗和教訓值得認真總結與反思。

關於近代以來江西經濟的衰落，筆者前一節已有論述。以往論者論及江西經濟的發達和衰落時，通常會從諸如交通格局的改變、贛地思想文化、農業經濟結構等因素入手，筆者以為這種視角固然能穿透很多問題，但依然沒有從長時段的角度深入思考江西的經濟發展軌跡。在解釋經濟變遷過程中，中國歷史學家比較習慣用馬克思主義和古典經濟學的理論進行解釋，馬克思主義強調生產關係變革，而古典經濟學則強調流通和市場擴張帶來的經濟結構的轉變。這兩種解釋模式儘管都有其合理性，但缺乏歷史深度的關懷。在法國歷史學家布羅代爾（Fernand Braudl）看來，經濟發展受長時段的制約，例如他認為十四至十八世紀，西歐商業資本主義儘管發生了種種顯而易見的變化，經濟生活卻保持一

定程度的連續性。[153]儘管布羅代爾的理論受馬克思主義影響甚深，但布羅代爾的長時段理論卻毫無疑問與馬克思的社會發展理論有明顯的不同。筆者認為，布氏的理論對我們最大的啟發是，我們應從長時期的經濟結構和地理環境等因素去探索經濟的發展，而不是從理論出發，先驗地去思考經濟發展軌跡。[154]

當從長時段角度思考宋代到清代江西經濟的發展軌跡之後，我們可以清醒地認識到兩點：第一，江西經濟強盛和衰落的原因不能僅僅局限於江西本省討論，而是應從全國經濟發展的趨勢和經濟結構等方面去思考；第二，與第一點相聯繫，江西經濟的衰落不應從近代算起，而是應從明中期以後算起，明中期以後，江西經濟在全國區域競爭格局中處於不利地位，經濟屬於「結構性」落後，這種結構性的落後一直持續至今。

宋明時期江西取得重要成就的根本原因是適應了全國經濟發展的節奏。宋代以後，南方農業生產技術達到了一個歷史高度，加上南方相對適宜的氣候和土壤條件，中國經濟重心南移，南方經濟快速增長。作為南方農業生產條件比較優越的江西，經濟也隨之迅速增長。這一點，早已為很多經濟史家所指出，此不贅

---

153 布羅代爾著，顧良、張慧君譯：《資本主義論叢》，中央編譯出版社，1997 年版，第 182 頁。

154 「長時段」可能是被中國學術界誤解最多的一個西方史學概念之一。實際上，布羅代爾的長時段並非指很長的時間，而是指那些比較穩定的、不易變動的、影響歷史發展的因素，包括經濟結構、地理限制和文化體系等，參考前引布羅代爾：《資本主義論叢》，第 180-182 頁。

述。在這裡，我想指出的一點是，宋明時期江西經濟發展最有成就的是農業，而不是商業，正是農業上的成就奠定了宋明江西文化輝煌的物質基礎。

為什麼這一時期，江西依靠農業的優勢，在經濟上可佔據全國領先地位？筆者認為，最根本的因素是宋代全國商品經濟雖然有了長足的發展，但商品經濟在促進地區分工，擴大區域聯繫方面的深度和廣度遠遠比不上明清時期。儘管治宋代經濟史之學者如漆俠等無不強調宋代商業之發達[155]，但是，毫無疑問，宋代商品經濟的發達程度和明清相比，還是有本質區別。特別是在日用品消費品進入長距離貿易和地區分工方面，宋代遠不如明代。包偉民認為宋代糧食生產還遠未出現以地區分工為特徵的專業化的生產方式，以小農經濟為基礎的各大經濟區大體都能夠做到糧食自給，常年間並不存在大規模的糧食流通情況，米鹽交易仍是典型的小商品之間的交換，還沒有形成農產品與手工業品之間的交換關係。[156]可見宋代區域之間的經濟聯繫還不夠緊密，區域之間的競爭和分工尚未出現。在這樣的經濟體系中，區域自身的經濟發展水準取決於農業生產發展的水準。根據冀朝鼎研究，宋代，包括江西在內的長江流域在經濟上已經獲得了統治地位。[157]

155 漆俠：《宋代經濟史》（下冊），上海人民出版社，1987 年版，第 927 頁。

156 包偉民：《宋代的糧食貿易》，《中國社會科學》1991 年第 2 期。

157 冀朝鼎：《中國歷史上的基本經濟區與水利事業的發展》（朱詩鼇譯），中國社會科學出版社，1981 年版，第 92-120 頁。

冀朝鼎是從水利事業的角度出發論證他的觀點的，因此，我們也可以理解為宋代長江流域在農業生產上居於全國領先地位。從這個角度看來，宋代江西經濟發展和全國經濟發展趨勢是統一的。

宋代江西農業生產發達最根本的原因是江西優越的自然地理條件。這一點，以往學者多有論及。在這裡，我只想強調一個事實，即宋代江西農業生產發展得比較好的是鄱陽湖平原、吉泰盆地、撫河盆地等自然條件優越的地區。在傳統時代，戶口數位是一個地區經濟發展水準的最直觀的指標。許懷林曾經整理過宋代各州（軍）各縣的平均戶數，筆者檢閱發現，北宋崇寧元年（1102）超過平均數的州按順序排列分別為建昌軍、吉州、撫州、筠州、袁州、洪州六州。[158]除袁州外，全處於生態條件比較好的盆地河谷地帶。雖然每個縣面積有大小，每縣的平均戶數也不等於人口密度，但是，作為一項平均數值，這個序列依然有參考價值。

綜合看來，宋代江西經濟之所以能在全國佔據領先地位，根本的原因在於江西優越的自然條件導致的農業生產發達，而且，江西經濟發展和整個全國經濟發展趨勢統一，農業生產優勢得到充分發揮和體現。

明清時期，情況有了根本變化。明代中期以來商品化的廣度和深度大大超過宋代，地區之間的分工已經初步顯現。許檀曾綜

---

158 許懷林：《江西通史・北宋卷》，江西人民出版社，2008 年版，第 43 頁。

合自然地理條件和經濟發展水準兩種標準，將明清時期全國劃為五大區域：高效農業與絲綿紡織業並重的江南經濟；以外貿為導向迅速崛起的珠江三角洲；種植結構的調整與棉紡織業發展的華北平原；全國最大商品糧輸出區長江中上游地區；初步開發的邊疆地區。江南地區和珠江三角洲分別作為手工業和加工工業、轉口貿易地區，發展水準自然處於全國前列，而包括江西在內的長江中上游地區則承擔了為兩個經濟發達地區供應糧食和原材料等功能，長江中上游主要輸出糧食、竹木，輸入棉布、綢緞等手工業製品，在地區分工中顯然處於劣勢。[159]在筆者比較熟悉的贛南山區，儘管明中期以來，掀起了一股商品化的浪潮，但是，贛南受周邊市場的牽引，成為廣東的糧食供應地之一，生產結構依然是糧食生產為主，經濟作物種植為輔，是一種糊口型的生產結構，因此，商品經濟很難使贛南經濟結構轉型成為經濟發達地區。[160]在明清商品經濟大潮衝擊下，江西原來的農業生產上的優勢不復存在，在區域競爭格局中處於不利的地位，與周邊地區的差距逐漸拉大。熟悉江西現代發展史的學者不難發現，江西這種以農業生產為主的產業結構，從明中期一直持續到一九九〇年

159 許檀：《區域經濟與商品流通——明清時期中國經濟發展軌跡探討》，《史學月刊》2004 年第 8 期。

160 黃志繁、廖聲豐：《清代贛南商品經濟研究——山區商品經濟典型個案》，學苑出版社，2005 年版，第 15-29 頁；饒偉新：《清代山區農業經濟的轉型與困境：以贛南為例》，《中國社會經濟史研究》2004 年第 2 期。

代。根據江西省統計局的資料，江西省第一、第二、第三產業結構比例，在一九七八、二〇〇〇、二〇〇五年分別為 41.6：38.0：20.4、24.2：35：40.8、19：47.2：33.8。[161]可見，直到二〇〇〇年，江西省才開始逐步轉變以農業為主的產業結構。

　　因此，江西近現代的衰落，應從明中期開始，一直延續至一九九〇年代。這毫無疑問是一個長時段的問題，是一種「結構性」的衰落。所謂「結構性」的衰落，即江西以農業為主導的產業結構使江西在區域經濟中處於不利的競爭格局，從而導致的衰落，而衰落的關鍵時間節點是明中期，衰落的背景則是明中期以來的全國蓬勃發展的商品化導致地區之間分工日益明顯，地區之間經濟發展的階梯性越來越強。

　　筆者以為，上述對江西經濟史的回顧和思考有助於釐清幾個問題。

　　首先，如果我們認定，江西經濟的騰飛和落後都是一個長時段的問題，和江西的地理位置、生態條件以及全國經濟格局等問題密切相關，那麼，以往我們過多地將江西經濟發展歸結為贛文化的落後，就顯得比較牽強了。從本質上來說，贛文化中的小農意識可能是經濟落後的產物，而不是原因。實際上，江西歷史上不乏思想創新之人，而且，他們還一度引領時代之風騷。宋代的歐陽修、王安石、陸九淵等，明代的解縉、楊士奇、桂萼、夏言

---

161 張捷：《尋找優化產業結構的「金鑰匙」》，《江西日報》2006 年 10 月 9 日。

等，都是思想上不囿成見之人。一個耐人尋味的事實是，贛地思想文化的革新與保守似乎和贛地在全國經濟格局中的地位相應。宋明時代，江西經濟相對發達，江西士大夫在思想和文化上也領一時之先；明中期以後，江西經濟逐漸落後，贛地士大夫思想也漸趨保守。[162]在這裡，筆者無意去討論贛文化與江西經濟發展的關聯，而只是想強調一個基本事實，即江西經濟的強盛或者衰落，不應簡單地從贛文化中去尋找。

其次，我們不能因為江西經濟衰落是一種結構性的衰落就放棄對制度革新的努力。江西的衰落固然是由於區位、地理和全國經濟布局等不可改變的「長時段」因素，但是，同樣的區位和地理條件的中部省份，例如湖南、湖北、安徽等省的近現代經濟發展得比江西更好。這就說明，在同樣的區位、地理和全國經濟布局條件下，區域性的制度與文化也會在一定程度上制約著區域經濟發展，儘管這種制約可能不是根本性的，但也確實是起作用的。在筆者看來，未來江西經濟史研究的深化，更為迫切地可能是江西與周邊省份之間的比較研究，而不是汲於探索江西近代為什麼比沿海落後。近年來，許多經濟史學者著力於從空間與制度角度解釋區域經濟史的發展，這種視角較多地受制度經濟學影響，超越了古典經濟學，又兼顧歷史事實與經濟史理論，值得治

---

162 晚清江西雖然有陳寶箴、陳熾、歐陽成等維新派，但江西本省風氣依然守舊，士大夫整體上趨於保守。關於這一現象，報告文學作家胡平曾經有精彩的描述，有興趣的讀者可參考胡平：《第三隻眼看江西》，江西人民出版社，2004年版，第200-213頁。

區域經濟史者借鑒和學習。[163]未來江西經濟史研究如果能借鑒這種研究方法，或許可獲得根本性的進展。特別是宋代的吉安和撫州地區，經濟和人文同輝，其區域發展特色引人注目，需要更多地從區域制度安排角度去建構其解釋模式，而不是馳騁議論，奢談贛文化與經濟發展之間的關係。

再次，從發展的眼光來看，制約明中期以來江西經濟的地理、區位等客觀條件正在發生變化。進入二十一世紀以來，由於航空、高速公路、高鐵的快速發展，江西與經濟發達地區之間的聯繫越來越密切，空間距離越來越消弭，沿海地帶與中部地帶之間的資訊、物質、制度的傳播也隨之越來越頻繁，江西處於中部的區位條件某種程度上成了優勢，因為處於中部的地理位置可以使江西更便捷地與周邊地區經濟對接。另一方面，江西長期低烈度地發展工業所導致的生態環境、產業基礎、資源基礎等方面的比較優勢逐漸顯現出來。目前中國區域之間的經濟格局雖然依然維繫著明中期來就確定的框架，但這一框架正在轉型。也就是說，中國區域之間的經濟格局正在面臨著「結構性調整」，至少蘊涵著「結構性調整」的萌芽。在這一歷史機遇面前，江西必須緊緊抓住產業轉型這一核心，爭取實現產業結構的現代調整，這一產業結構的調整應是適度超前的，而不是被動改變的。當然，

---

163 這方面傑出的研究有蘇基朗（Billy K.L.So）所著Prosperity Region and Institutions in Maritime China：The South Fukien Pattern，946-1368. Cambridge，Mass.：Harvard University Asia Center，2000。

這已不是一本描述江西經濟史的書可解決的問題。作為對中國經濟史有所熟悉的學者，我只是想提一個建議，未來中國最重要的行業的，當是與能源、糧食、勞動力等古典經濟學所強調的生產要素密切相關的行業，而要實現這些行業上的成功，中央政府的制度安排是非常重要的因素。江西的生態環境、礦產品、水資源、生態農業的優勢理應得到進一步的重視與強調。

江右商幫及其組織演變

第一節 ▶ 江右商幫的地理分布

　　明清時代社會經濟的發展，社會分工的進一步擴大，區域間大規模的商品化生產，各市場間聯繫的日益密切，推動了商業貿易更趨活躍，商業在士、農、工、商四業中的重要性為更多人所認同，人們思想觀念中不再以經商為賤業。商品經濟繁榮提供的物質條件及觀念文化帶來的思想解放，使得更多社會成員從事商貿活動成為可能；而社會人口的激增，耕地面積的有限，人地矛盾的尖銳，使得相當一部分農業人口從農業生產中游離出來，轉入流通領域，逐利四方成為必然。江西的這種特徵表現得非常顯。自明中後期始，延續至晚清民國，江西地方文獻中關於江西人好遠遊為商的記載總是屢屢出現，茲不嫌繁雜，引數例於下。南昌府，「編戶之民，五方雜處，多以逐末為業」[1]；建昌府南城縣，「民尚通而善賈，樂為遠遊」[2]；金溪縣，「民務耕作，地無

1　同治《南昌府志》卷八《風俗》。
2　正德《建昌府志》卷三《風俗》。

遺力，土狹民稠，為商賈三之一」[3]；東鄉縣，「工巧足用，貿遷以給」[4]；九江府彭澤縣，「山峻土沃，尚文儀，儒風相繼，民習經商」[5]；吉安府商民，「走四方為生」，安福縣商賈，「負販遍天下」[6]；贛州府會昌縣民，「長於貨殖、操奇贏之術以致富者恒有其人」[7]。並且在長期的經營過程中，各縣商賈逐漸形成自己的經營品牌，「西江金溪人賈書，臨川人賈筆、清江人賈藥，饒州人賈瓷，各因其地所產與市鎮所聚，耳目相習戀遷寄焉」[8]。以上縣志中出現的隻言片語，無不說明明清兩代贛民好賈的事實。

關於江西人好賈的原因，時人幾乎眾口一詞，人稱地狹，不賈無以資生。對此，遍游諸省的王士性說：「江西、浙江、福建三處，人稱地狹，總之不足以當中原之一省，故身不有技，則口不糊；足不外出則技不售，惟江右尤甚」[9]；嘉靖、萬曆時期的張瀚在《松窗夢語》中說，江西一省，「地產窄而生齒繁，人無積聚，質儉勤苦而多貧。多設智巧、挾技藝，以經營四方，至老死不歸，故其人內嗇而外侈。地饒竹、箭、金、漆、銅、錫，然

3　乾隆《金溪縣志》卷三《風俗》。

4　嘉靖《東鄉縣志》卷下《風俗》。

5　嘉靖《九江府志》卷一《方輿志》。

6　同治《安福縣志》卷二《風俗》。

7　康熙《西江志》卷二六《風俗》。

8　道光《武寧縣志》卷一一《風俗》。

9　（明）王士性：《廣志繹》卷四《江南諸省》。

僅僅物之所有，取之不足更費，獨陶人窯缶之器為天下利。九江據上流，人趨市利。南、饒、廣信，阜裕勝於建、袁，以多行賈，而瑞、臨、吉安尤稱富足。南、贛谷林深邃，實商賈入粵之要區也」[10]。東鄉人艾南英道出好利的緣由：「吾鄉之俗，民稠而田寡，不通舟楫貿易之利，雖上戶所收，過半畝數鐘而已。無絲枲竹木之饒，故必征逐於四方，其所事之地，隨陽之雁猶不能至，而吾鄉之人都成聚於其所」[11]；清江名士錢時雍亦有同感，「清江之境，橫袤不及百里，人繁而地狹，以三代授田法，家均之田不能十畝，且多水患，農恒不給。故清江人多以賈聞，雖詩書宦達者不賈無以資生」[12]。而工商利厚，農桑利薄也是江西人樂於經商的主要原因，「計利則農不如工，工不如商，用力多而收入少，誰實為之？好賈則輕去其鄉，不安於田舍，少壯散之四方，村民僅存而力作者益寡矣」[13]。惡劣的生存環境的逼迫，巨額商業利潤的誘惑，促使江西人四處為商，活躍於各區域市場，並在明清商業史上佔有一席之地。

　　贛商在歷史上被稱為「江右商」。正如明末清初散文家魏禧所著的《日錄雜說》上記載：「江東稱江左，江西稱江右。蓋自江北視之，江東在左，江西在右。」因此，江西商人多被稱之為

10　（明）張翰：《松窗夢語》卷四《商賈紀》。
11　（明）艾南英：《天傭子集》卷九《白城寺僧之滇黔募建觀音閣疏》。
12　（清）錢時雍：《錢寄圃文集》卷一二，乾隆刻本。
13　民國《廬陵縣志》卷四《風俗》。

「江右商」，亦有稱之為「西商」；又因為江西商人在外人數眾多，常常「以眾幫眾」，所以江西商人群體又被稱之為「江右商幫」或「西幫」等。

　　明清時代，江西人外出為商，人數眾多，分佈極廣：「豫章之為商者，其言適楚猶門庭也。北賈汝、宛、徐、邳、汾、鄠，東賈韶、夏、夔、巫，西南賈滇、僰、黔、沔，南賈蒼梧、桂林、柳州，為鹽、麥、竹箭、鮑木、旃罽、皮革所輸會。」[14]萬曆《南昌府志》說，南昌、豐城、進賢「商賈工技之流，視他邑為鄉，無論秦、蜀、齊、楚、閩、粵，視若比鄰，浮海居夷、流落而忘歸者十常四五」[15]。臨江府，「俗多習賈，或棄妻子徒步數千里，甚有家於外者，粵、吳、滇、黔無不至焉」[16]。廣信府貴溪縣，鄉之民「間有載米粟於饒、徽，鬻楮錢於荊、楚，貨竹木於京、淮，越地千里」[17]。可以說，明清江西商人足跡遍布中國大部分區域，具體而言，主要包括以下地方。

一、湖廣地區

　　與江西毗鄰的湖廣地區，是明清以來江西商人的活動最頻

---

14 （明）徐世溥：《榆溪集選》，《楚遊詩序》，轉引自傅衣凌：《明代江西工商業人口及其流動》，《明清社會經濟史論文集》，人民出版社，1982 年版，第 190 頁。

15 萬曆《南昌府志》卷三《風俗》。

16 嘉靖《臨江府志》卷一《郡域志》。

17 康熙《貴溪縣志》卷一《風俗》。

繁、影響最深遠的主要區域。

明清時代江西商人大規模進入湖南，形成了江西商賈遍佈湖南城鄉各地的局面。湖南省會長沙，嘉慶年間「長沙民樸，安土重遷，所需者日用之常資，惟米穀充積，業商販碓戶米坊而已；又地不宜泊舟，秋冬之交，淮商載鹽而來，載米而去，其販賣皮幣金玉玩好，列肆盈廛則皆江蘇、山陝、豫章之客也」[18]。善化縣嘉慶時期，「楚民質樸……其智巧不及豫章」，因而城鄉各處「操奇贏」者，皆為江西商人。[19]到清末，善化縣農村「鄉無積物，墟場貨物多取給農村，安土重遷，除裝運谷米而外，鱗商貿於邑」，這些貨殖者中，贛籍商民「幾遍城鄉」。[20]

有「天下第一壯縣」[21]之稱的湘潭縣，位於長沙南數十公里處的湘江之畔，水路交通便利，晚清以前一直為湖南經濟中心，商業十分發達，「肆陳百貨，江運千艘，潭之號稱繁會者，實無一不籍於四方，其四方之所利，則非潭之所出之利相彼」[22]。江西商人來此貿易者眾多，「湖南湘潭縣城外，向來江西客民，在彼貿易者十居八七，本地居民不過十之二三，各碼頭挑夫，江西人尤多」[23]。光緒年間，湘潭的江西商人勢力進一步壯大，在某

18 嘉慶《長沙縣志》卷一四《風土》。
19 嘉慶《善化縣志》卷二二《風俗》。
20 光緒《善化縣志》卷一六《風俗》。
21 光緒《湘潭縣志》卷一一《貨殖》。
22 乾隆《湘潭縣志》卷首《知縣呂正音序》。
23 《清仁宗實錄》卷三五九，「嘉慶二十四年六月戊申」條。

些行業出現壟斷市場的現象，「臨江擅藥材，歲可八百萬，建昌專錫箔，吉安多錢店，其餘曰油廣雜、曰銅鉛蠟絲、曰引鹽，皆恃行帖擅利，他方人莫能攖也」[24]。醴陵縣東與江西萍鄉接壤，在與贛省頻繁的商業交往中，市場上出現本幫和西幫之分，清末除紅茶、夏布、土瓷、豆腐外，餘如藥材、南貨、糕點、豆豉、雜貨、銀樓、布匹、錢莊、典當等各業，均屬西幫。[25]

　　湖南中部的寶慶府邵陽縣，位於資水和邵水匯合處，清代商業日趨繁榮，吸引了不少贛籍客商，撫州金溪商人來此貿易者尤多[26]；咸豐年間市場上已有湘鄉、新化、衡陽等縣及江西、福建、陝西等省商業行幫，湘鄉人主營綢緞、布匹、南貨，江西人多營藥材、首飾，陝西人專營皮毛。[27]光緒年間，更多江西商人將贛省的物產運來邵陽銷售。比如，紙張，「縣雖出紙，不及外省江西、福建精好，故紙張仍多外地至」；藥材「多自江西」；瓷器「出自江西」，「（本地）酒甕、盆缽之屬，形甚粗陋，匪獨不及景德鎮之善」[28]，可見江西土特產在當地市場上很走俏。寶慶府新化縣「地非衝要，故百貨不能盡萃」[29]，商人外來者少，

24 光緒《湘潭縣志》卷一一《貨殖》。

25 湖南省商業廳編：《湖南省商業專志》，1986 年內部發行，第 587 頁。

26 光緒《邵陽縣鄉土志》卷二《人類》。

27 湖南省志編纂委員會編：《湖南省志》，湖南出版社，1990 年版，第 119 頁。

28 光緒《邵陽縣鄉土志》卷四《地理》。

29 同治《新化縣志》卷七《輿地》。

但在乾隆年間，「而商賈之祠，惟江西有萬壽宮，祀許真君焉，……江西客民建」[30]，江西臨江地方神蕭英佑侯在當地香火較旺，三處建有水府廟，可推測江西商人尤其是木材商人來此地者人數應該不少。

嶽州府地當湖南水道咽喉，南迤三湘，北控荊漢，是湖南的北大門，也與江西南昌府、袁州府為鄰。明清商品經濟發展，使得該地山區經濟作物香菇、木耳、茶葉等出現商品化。臨近的贛民認為有利可圖，到此經營者眾。乾隆年間，「香蕈，亦名香菇，與木耳俱產深山枯木，四縣（巴陵、華容、平江、臨湘）皆有。而平江東北諸山，歲有江西客民，佃砍山木，冬月開廠收采，市於他郡，視雪之大小為豐欠」[31]，贛商儼然成了「老闆」。巴陵縣產茶，道光年間江西茶商來此販運，「洋名紅茶、綠茶，偽專取生葉，高其值，人爭與市」[32]。華容縣多湖泊河流，水綱密佈，適於漁業生產，康熙年間，「江湖漁利，亦為江右人」；到清朝末年，華容縣「上通黔蜀，下達鄂漢，水陸商賈」，「舊有六幫之號」，其中多豫章商人[33]。

湖南北部的澧州民風淳樸，贛人亦到此營生，石門縣「地近蠻獠，壤狹而逼，人性淳樸，俗尚簡約，多耕種，薄商賈，……

30 同治《新化縣志》卷一三《祠祀》。
31 乾隆《嶽州府志》卷一二《物產》。
32 同治《巴陵縣志》卷一一《風土》。
33 光緒《巴陵縣志》卷一《風土》。

城市肆店貿易多江右人，其鹽鐵及雜貨多取給於津市」[34]。商業較繁榮的慈利縣溪口市，「百貨輳焉，……乾嘉以來，最號雄鼇，商賈集者，江西為大幫，往往起赤手致萬金」[35]。

永順府地處湖南西北角，與湖北、四川交界，與江西相去甚遠。改土歸流後，「客民四至，在他省則江西為多，而湖北次之，福建、浙江又次之。在本省則沅陵為多，而芷江次之，常德、寶慶又次之」[36]，在移民的浪潮中，商人雜處其間，「江右、閩、廣人亦貿易於此」[37]。乾隆年間，客戶較多的龍山縣「江（西）人亦貿易於此，衣冠華飾，與土苗異」[38]。此地以出產「桐油為大莊」，贛人大做桐油生意，「歸皆易桐油，轉售他處」，且能審時度勢，動悉市場。每年桐樹開花之時，多是桐戶青黃不接之日，富有的贛商趁機向貧困的桐戶預購桐油，桐戶「預領油價，言定油若干斤，錢若干千，價亦無一定。自四月至八九月多少為差，十月兌油，或兌桐籽，如期不得誤，而權子母者，遂舉倍稱息」[39]。桑植縣在乾隆年間，無論是長途販賣的「運商」，還是「受廛此地」的「坐商」，多是江西人。[40]這種狀況延續至

---

34 同治《石門縣志》卷一《風俗》。
35 民國《慈利縣志》卷三《地理》。
36 民國《永順縣志》卷六《風俗》。
37 同治《永順府志》卷一○《風俗》。
38 乾隆《永順府志》卷一○《風俗》。
39 嘉慶《龍山縣志》卷七《風俗》。
40 乾隆《桑植縣志》卷四《風俗》。

同治年間仍是如此[41]。

常德府地處沅水下游，洞庭湖南湖西岸，「為湘西的重要門戶，滇黔物產多集散於此」，乾隆年間，江西、安徽、廣東、山西、福建、湖北、河南等省商人來此經商，各擅一業。[42]武陵縣，「商賈江省為多，……花、油、木、米、魚、鹽，水陸薈萃」[43]。直到晚清民國，贛人在常德商界仍占主導地位，自一九〇四年至一九四九年，常德商會十三任會長中，七任是江西人。[44]

永州府江華縣，「土少出產，河道險阻，不通販運，惟常德、江右有受釐此地者。土人任負貿遷謀夕而已」；「邑人不習手藝，一切匠事皆兩粵、江右及祁陽等處人為之，……分布城鄉，記工受值，歲終負囊而去」[45]。可見，贛民在此為工為商，各得其所。

湖南中部的衡州府，東南與江西吉安府接壤，贛人很早就進入衡陽經商。縣志記載，衡陽縣於乾隆三十一年（1692）七月十三日一場大火，「外城（燒）至江西會館」[46]，該會館為江西商人於明代所建。耒陽縣「至一切食貨，多豫章人為之，戀遷於其

41 同治《桑植縣志》卷二《風俗》。

42 湖南省商業廳編：《湖南省商業專志》，1986年內部發行，第513頁。

43 光緒《武陵縣志》卷七《風俗》。

44 《常德商會會史》，《常德文史資料》第2輯。

45 同治《江華縣志》卷一〇《風土》。

46 乾隆《衡州府志雜志》卷三九《災異》。

間，而檣帆所艤，足以流通錢谷」[47]。

郴州府位於湖南南部，與江西南部的南安府為鄰，郴州各縣，不但江西人經商者多，且有很多手藝工匠游食其間。桂東縣出礦，雍正年間，「射利之徒，引誘外人挾貲，呈准刨試，……本地居民從無識火辨砂色者，率皆臨（武）、藍（山）、嘉（禾）、桂（陽）及江（西）、廣（東）奸徒與四方亡命，晝則橫斯搶奪，夜則公行剽劫」[48]。宜章縣，「民多漢語，亦有鄉談，軍音類茶陵，商音類江西」[49]，贛商可以用鄉音交談，人數自然不少。

湘西山區曆為瑤、苗、侗等少數民族聚居地，雍正以前多屬土司管轄，清初改土歸流之後，大批移民湧入該地。而此前江西商民已衝破「苗不出疆，漢不入峒」的禁令，與苗貿易。[50]晃州廳溪口市萬壽宮創建於乾隆二十五年（1760），影響甚巨，贛人居住與經商的街道亦被命名為「萬壽街」、「萬壽巷」；為便於貨運，江西商人又捐資修建萬壽宮水碼頭。[51]

由此可見，江西商人在湖南分布極廣，不論是湘潭、長沙、常德、岳陽等商業都會，還是永順、桑植、宜章、龍山等窮僻的

---

47 嘉慶《耒陽縣志》卷八《風俗》。

48 同治《桂東縣志》卷八《物產》。

49 嘉慶《宜章縣志》卷七《風俗》。

50 王曉利：《萬壽宮：一座曾經輝煌的會館》，《湖南作家》2002 年第 9 期。

51 楊利川、張朝玉：《萬壽宮》，《新晃文史》第 5 輯。

小縣城，甚至是鄉野小集鎮，到處都有江西商人插足其間，形成「自城邑市鎮達乎山陬，列肆以取利者，皆江右人」[52]的盛況。

　　湖北也出現了類似湖南的局面。明末清初的徐世溥曾經記述，「豫章之為商者，其言適楚，猶門庭也……故南昌之民客於武漢，而長子孫者十室居九」[53]。漢口是一座因商而興的城市，優越的水運條件吸引了各地的行商坐賈。明朝末年，漢口已是甲於全楚的巨鎮。及至清初，漢口與朱仙鎮、景德鎮、佛山鎮合稱為中國「四大名鎮」；漢口又是天下「四聚」之所：「天下有四聚，北則京師，南則佛山，東則蘇州，西則漢口。然東海之濱，更有蕪湖、揚州、江寧、杭州以分其勢，西則唯漢口耳。」漢口的六大行業，鹽、當、米、木材、藥材、花布，皆有江西商號，尤其是藥材業，幾乎被江西清江商人壟斷。漢口的竹木貿易在近代以前，和藥材業相似也基本為江西商幫掌控。近人徐珂曾說「運鹽者曰運鹽商，開質庫者曰當商，售木材者曰木商，此三者之在閉關時代，皆為大商」。武漢作為當時全國最大的竹木商品集散中心，木商的地位顯得尤為重要。從地域上劃分，活躍在武漢竹木市場的商人，主要有江西幫、黃州幫、湖南幫、湖北漢幫等。在清代中前期，江西人一直是這裡的主宰，甚至漢水流域的「漢幫」，在木材貿易中也曾一度依附於江西商人。漢口「五方

---

52 嘉慶《巴陵縣志》卷一四《風俗》。

53 （明）徐世溥：《榆溪集選·楚遊詩序》，轉引自傅衣凌：《明代江西工商業人口及其流動》，《明清社會經濟史論文集》，人民出版社，1982年版，第190頁。

雜處、商賈輻輳，俱以貿易為業」，商人四集，會館林立。商人會館建築的高大宏偉也顯示了商幫的實力和地位，葉調元《漢口竹枝詞》曰：「一鎮商人各省通，各幫會館競豪雄。石樑透白陽明院，瓷瓦描青萬壽宮。」作者注云：「陽明書院即紹興會館，樑柱均用白石，方大數抱，瑩膩如玉，誠巨制也。江西萬壽宮，瓦用淡描瓷器，雅潔無塵，一新耳目。漢口會館如林，之二者，如登泰山絕頂，『一覽眾山小』矣。」到晚清民國漢口江西商人多經營錢業、銀樓、麻、漆等行業。

湖北宜昌府，商業十分發達，各地商人雲集，「上而川滇，下而湖鄂吳越，皆有往者，至郡城商市，半皆客民，有川幫、建幫（福建幫）、徽幫、江西幫以及黃州、武昌各幫」[54]。東湖縣為宜昌府治所在地，商人多，內外客民雜居，商品琳琅滿目，江西商人極為活躍。宜昌府長樂縣明代為土司區，清雍正十三年（1735）改土設縣後，商品交換發展很快，該縣除縣城商業發達外，「百工技藝，土人甚少，製器作室，多屬流寓，近時土著之人，間有習藝者，商賈多屬廣東、江西及漢陽外來之人」，「邑屬漁陽關，商賈輻輳，城市中賈客亦多，灣潭舊有鐵石，百貨叢集……商賈多屬廣東、江西，行貨下至沙市，上至宜昌而止」[55]。

荊州府江西商人亦不少，據清乾隆《荊州府志》，沙市有七

---

54 同治《宜昌府志》卷一一《物產》。
55 咸豐《長樂縣志》卷一二《風俗》。

處會館，石首有兩處，監利有三處，以福建、江西、徽州會館為主。清光緒《光化縣志》亦錄有西蜀公所、河南會館、撫州會館、福建會館、懷慶會館、山西會館、陝西會館等。

施南府盛產「麻、藥材以及諸山貨」，「商多江西、湖南人」，這些商人「每歲將麻、藥材諸山貨負載閩粵各路，市花布綢緞以歸」[56]。來鳳縣與湘川兩省交界，水陸交通方便，這裡商品交換發達，有「小南京」之稱。外地商人載棉花、布匹而來，多販山貨以歸。「賈人列肆，所賣漢口、常德、津沙二市之物不一，廣貨、川貨四時皆有，京貨、陝貨，亦以時至，百物既集」，該縣卯峒鎮商業極為繁榮。同治《來鳳縣志》稱：「邑之卯峒可通舟楫，直達江湖。縣境與鄰邑所產桐油、靛俱集於此，以故江右、楚南貿易者麋至，往往以桐油諸物順流而下，以棉花諸物逆水而來。」[57]

湖北襄陽南撫江漢、西屏川陝，優越的地理位置使得漢江水運發達，進而帶動此地商業的勃興，明清時代尤為如此。《襄陽縣志》載，「商賈連檐，列肆殷盛，客至如林」，鄂、川、豫、贛、陝、晉、皖、湘、蘇、浙、閩等外省的商人紛至遝來，僅在樊城沿江一帶，就建有山陝、撫州、黃州、江西、江蘇、中州、浙江、徽州、福建、四川、湖南等二十多座商人會館。此地既建有江西會館，又建有江西地方撫州會館，江西商人自然不在少

56 同治《施南府志》卷一〇《風俗》。
57 同治《來鳳縣志》卷二八《風俗》。

數。

　　明代發展起來的湖北竟陵（今天門）皂角市，明末的李維楨曾有這樣的記載，「市可三千人。其人土著十之一，自豫章徙者七之，自新都徙者二之。農十之二，賈十之八，儒百之一。自豫章徙者，莫盛于吉之永豐」[58]，可見此地江西商人眾多。鄂西的鄖陽、鍾祥，也有大量江西商人。[59]

二、西南雲貴川地區

　　雲南、貴州、四川地處西南，土地廣袤，人口稀少，這大片區域是江西商人活動的又一主要地區。明代的學者認為，當時滇黔「無論通衢僻村，必有江西人開張店鋪，或往來貿販」[60]。遍游全國見多識廣的王士性曾說，「餘備兵瀾滄，視雲南全省，撫人居什之五六，初猶以為商販止城市也。既而察之，土府、土州，凡爨玀不能自致於有司者，鄉村間徵輸里役，無非撫人為之矣，然猶以為內地也，及遣人撫緬，取其途經酋長姓名回，自永昌以至緬莽，地經萬里、行閱兩月，雖異域怪族，但有一聚落，

58（明）李維楨：《大泌山房集》卷八七《劉處士墓誌銘》。轉引自傅衣淩：《明代江西工商業人口及其流動》，《明清社會經濟史論文集》，人民出版社，1982 年版，第 190、191 頁。

59（清）陳夢雷：《古今圖書集成·職方典》卷一一六〇《鄖陽府部·風俗考》。

60（明）徐世浦：《榆溪集選》，《楚遊詩序》。

其酋長頭目無非撫人為之矣」[61]。明末江西撫州籍學者艾南英則說其家鄉「富商大賈，皆在滇雲」[62]。可見，在雲南居住的人口多是江西人，尤其是江西撫州人，因而他得出這樣的結論，「滇雲地曠人稀，非江右商賈僑居之，則不成其地」[63]。《皇明條法事類纂》載，明成化時，僅雲南姚安軍民府（今雲南楚雄彝族自治州西部）就有江西安福縣、浙江龍游縣商人三五萬人；臨安府（今雲南紅河哈尼族彝族自治州及通海、華寧、新平、峨山等縣）也有許多江西商賈。[64]嘉靖年間，雲南臨安府一帶「自遠方服賈而來者，西江之人最多，粵人次之，蜀人又次之」[65]，這裡「西江之人」即指江西人。明中期的雲南大理，「嘉靖初，省道監司留意息盜，漸有新余，然赤石岩諸夷負固，州之盜賊常為一郡劇，官禁少弛，則竊發如故。其種田皆是百夷，百夷有信而懦弱，佃租之利皆為江右商人餌誘一空，故人無厚蓄」[66]。

劉昆在《南中雜說》載，清代初年江西一省在雲南經商的人便有「數十萬人」。曾為官宦遊歷滇西北地方的吳大勳也曾有記載，「（雲南）至今城市中皆漢人，……至於歇戶飯鋪，估客廠

---

61 （明）王士性：《廣志繹》卷四《江南諸省》

62 （明）艾南英：《天傭子集》卷九《白城寺僧之滇黔募建觀音閣疏》。

63 （明）王士性：《廣志繹》卷五《西南諸省》。

64 《皇明條法事類纂》卷一二《雲南按察司查究江西等處客人朵住地方生事例》，古典研究會，1966 年版。

65 嘉慶《臨安府志》卷七《風俗》。

66 嘉靖《大理府志》卷二《風俗》。

民，以及夷寨中客商鋪戶，皆江西、楚南兩省之人。隻身至滇經營，……以致積攢成家，娶妻置產。雖窮村僻壤，無不有兩省人混跡其間，即碧髓、寶石之物，越在夷地，亦惟江、楚人冒險違禁，越界興販，舍性命以博財貨」[67]。蒙化府，「客籍，皆各省流寓之後，及亂後寄籍於蒙者。而豫章巴蜀之人居多，勤貿易，善生財，或居闤闠，或走外彝，近亦有善讀書通仕籍者矣」[68]。蒙自有四個以江西捐助基金籌建的會館，其中兩個代表著整個江西省，另外兩個分別代表江西吉安幫和南昌幫，一省之所以會擁有如此眾多的會館，是江西人在以往鼎盛年代中對礦冶業極感興趣的緣故。[69]在雲南東北，有「遍地江西」之稱。[70]西南邊陲騰沖也是如此，明朝大力開拓邊疆，中原人士戍邊、為官、貿易者陸續進入騰沖，其中江西籍、南京籍、湖廣籍、四川籍較多，他們多數在騰沖定居下來，少數返回故里，一脈流長。至清朝乾、嘉年代，騰沖已成為中緬貿易物資集散的一個重鎮，各地雄商大賈挾資來騰沖經營工商業，江西人在此地建有兩座會館，民國年間還創辦「天祥小學」一所，可以想像財力較厚，人數不少。[71]

---

67 吳大勳：《滇南聞見錄》，轉引自周智生《商人與近代中國西南邊疆社會》，中國社會科學出版社，2006 年版，第 53 頁。

68 康熙《蒙化府志》卷一《風俗》。

69 彭澤益：《中國工商行會史料集》下冊，中華書局，1995 年版，第 634 頁。

70 民國《昭通縣志稿》卷六。

71 王輔元：《解放前騰沖縣的客籍會館》，《騰沖縣文史資料選輯》第 3 輯，1991 年 12 月。

《新纂雲南通志》中曾對咸豐、同治以前外省商幫在雲南的經營狀況有過這樣的描述：「在清中世，外商之貿易於滇者，最早為江西幫、湖南幫之筆墨莊、瓷器莊，四川幫之絲綢、玻璃、煙葉等，其世業有沿迄今者，江西幫之萬壽宮遍於各地。」[72]明清雲南江西會館數量很多，藍勇先生分析，江西會館一是分布在從東向西的交通幹道——普安辰沅通道兩旁，即分佈在黔東、黔中、滇東、滇中地區。據《昆明縣志·物產志》記載，當時昆明「城凡大商賈，多江西、湖廣客；其領貼設質庫者，山右人居其大半」；一是集中分布在滇南和滇西地區。這一點是與江西人善於經商開礦的傳統分不開的。善於經商使其主要分布於交通幹道和重要城鎮附近地區，而善於開礦這一點說的是滇南和滇西地區正是礦藏豐富的地區。明代滇緬邊境，「老廠、新廠兩處民居遺址，各長數里，皆舊時江、楚所居」。乾隆時雲南永順地區「打槽開礦及走廠貿易者，不下二三萬人」，其中主要便是江西人。據張泓《滇南新語》記載，當時在上緬甸地區冒險採礦的「唯江右客」。[73]如個舊的錫交易，近代地方人追述：「歷史上比較久遠的時期，已難得到大錫交易的真實情況，據留傳下來的說法，大錫交易為江西幫所操縱，地點在個舊江西會館（以前江川巷萬壽宮內）。」[74]難怪在昔日的雲南流傳著「做買賣的都是老表，巧

72 《新纂雲南通志》卷一四三《商業考》，1949 年鉛印本。

73 藍勇：《明清時期雲貴地區漢族移民的時間和地理特徵》，《西南師範大學學報》1996 年第 2 期。

74 張道生：《歷史上個舊大錫交易的一些情況》，《個舊文史資料選輯》第9輯，1990年12月，第61頁。

手匠的都是老廣」[75]。據有關學者研究，明清時期外省到雲南的商人，就其數量而言，則以江西商人和湖廣商人為最多，浙江、山陝、四川商人次之，閩粵、貴州商人又次之，安徽商人最少。[76]

江西商人在雲南經商的這種狀況持續至晚清民國。清朝末年修纂的《大理縣志稿》記載：「盛時百貨生意頗大，四方商賈如蜀、贛、粵、浙、桂、秦、黔、藏、緬等地，及本省各州縣之雲集者殆十萬計，馬騾、藥材、茶葉、絲棉、毛料、木材、磁、銅、錫器諸大宗生理交易，至少者亦數萬。」[77]鴉片戰爭前夕，雲南府城昆明的人口約十餘萬，是雲貴總督和雲南巡撫的駐蹕地，已成為雲貴兩省的政治、經濟和文化中心。當時的昆明商業已劃分為絲綢、棉紗、裘皮、茶莊、五金、皮革、磁器、首飾、成衣、靴帽、雜貨、油蠟、紙筆、墨硯、銅錫、竹篾、木行、板材、磚瓦、藥店、旅店、堆店、錢莊、當鋪等多種行業。這些商業行業又分為京幫、廣幫、川幫、贛幫、迤西幫、迤南幫和迤東幫等多個幫口。其中京幫主要經營絲綢、緞面、裘皮及百貨；廣幫主要經營海鮮、五金及雜貨；川幫主要經營黃絲、金堂煙、大煙、黃金、白銀、皮革、堆店業；贛幫主要經營磁器、棉布、棉

---

75 藍勇：《西南歷史文化地理》，西南師範大學出版社，1997 年版，第 72 頁。

76 林文勳：《明清時期內地的商人在雲南的經濟活動》，《雲南社會科學》1991 年第 1 期。

77 李珪：《雲南近代經濟史》，雲南民族出版社，1995 年版，第 139 頁。

紗、絲綢等。[78]

　　貴州的江西商人也極為活躍，接踵於道、同賈於市。明代人稱貴州「重以江右川湖敗商流徙罷役逋逃多為奸」[79]。商業興盛及礦業的開發，吸引著大批因謀生而進入該地的外地人口。明代已居住有不少漢族的交通沿線城鎮，清代更成為外來移民經商和定居之所。省會貴陽，「五方雜處，江右、楚南之人為多」；水陸便利的鎮遠府城，「居民皆江、楚流寓」；普定縣，「黔、滇、楚、蜀之貨日接於道，故商賈多聚焉」。不少偏遠地區也多有外地移民。如銅仁府，多有來自江西的漢民出入苗民聚居區域，貨通有無，「抱布貿絲，遊歷苗寨」；松桃廳，「城市鄉場，蜀、楚、江西商民居多，年久便為土著」；威寧州，其地盛產鉛、銅，外地客民彙集，「漢人多江南、湖廣、江西、福建、陝西、雲南、四川等處流寓」；開州產朱砂、水銀，「江右之民麇聚而收其利」；與粵、楚交界的苗疆重地黎平府，「楚、粵奸民往往混跡於工匠之內，態為搶竊」，距府治兩百里左右的茅坪、王寨、卦治三地，可通舟揖，「商旅幾數十萬」；黔西北大定府，「關廂內外，多豫章、荊楚客民」；[80]鎮遠縣也是多江西、湖南商

78 李珪：《雲南近代經濟史》，雲南民族出版社，1995 年版，第 17 頁。

79 （明）章潢：《圖書編》卷四二。

80 愛必達：《黔南識略》，轉引自古永繼《元明清時貴州地區的外來移民》，《貴州民族研究》2003 年第 1 期。

人；[81] 施秉縣「湖南客半之，江右客所在皆是」[82]；昭通的商業便由江右、四川、雲南把持；[83] 興義「商多江右、楚、閩、粵之人」[84]；大定縣，「改土以還，贛秦湘鄂諸省人率皆由蜀轉徙而來」[85]；威寧縣，「漢人多江南、湖廣、江西、福建、陝西、雲南、四川等處流寓」[86]；普安縣，「客則江西、湖南、四川三省為多」[87]。會館數量的多少，也是商民勢力強弱的反映。據統計，清代貴州各地移民會館總數達兩百一十四個，其中江西會館七十四個，四川會館、湖廣會館各五十四個，福建會館十三個，秦晉會館十個，江南會館五個，廣東會館四個。毫無疑問，清代外來商人中江西人在此地佔有優勢。古永繼先生考察明清時期雲貴地區的移民認為，雲貴地區漢族移民主要是基於元明時期的戍軍、屯田和經商而來的，這些軍屯和民屯移民的籍貫主要是以江南和江西為主。後來清代經過開發的雲貴地區的商業市鎮和礦藏正是善於經商和開礦的江西商人的用武之地，故江西商人仍是清代雲貴地區移民的主體移民。總的來看，明清時期雲貴地區以江南籍、江西籍移民為主體移民，主要分布在交通沿線和黔中、滇

---

81 乾隆《鎮遠府志》卷九《風俗》。

82 乾隆《鎮遠府志》卷九《風俗》。

83 民國《昭通縣志》卷三。

84 咸豐《興義府志》卷四〇。

85 民國《大定縣志》卷一三。

86 光緒《黔南識略》卷二六。

87 光緒《黔南識略》卷二八。

中、滇南和滇西南地區。具體講，明代以江南籍、江西籍為主
體，清代則是以江西籍、江南籍、湖廣籍、四川籍為主體。[88]

此外，貴州也有不少江西人經營的名店老字號。老字號「永
隆裕鹽號」便是清康熙年間撫州臨川人在貴陽創設，它是貴州從
明初建省五百多年來，規模最大，資金最多，影響也很大的商
號。[89]「傅恒鎰油號」由江西南昌人於清咸豐元年（1851）創
設，至一九五一年合營，有百年歷史，是貴陽負有盛名的老油
號。[90]貴陽「福康顏料店」，是江西南昌人梅嶺先開設，該店除
批發商品到省內各縣顏料店外，還互通有無於臨近各省，成為馳
名西南的顏料商店。[91]再如，江西新幹人創設的貴陽「怡源字
號」，撫州臨川縣人開設的貴陽「張鶴齡筆墨莊」，清江人創設
的「思義堂國藥店」等都是貴陽知名老字號。[92]

雲貴西北面的四川，同樣少不了江西商人。四川夔州、重
慶、敘州諸府，乃至岷江上游的松潘，涪江上游的梓潼，均有江
西商人活動的記載。明憲宗成化十年（1474），大批江西商人攜

---

88 古永繼：《元明清時貴州地區的外來移民》，《貴州民族研究》2003 年
第 1 期。

89 華樹人：《永隆裕鹽號述略》，《貴陽文史資料選輯》第 36 輯，《貴陽
老字號專輯》。

90 傅北萍：《傅恒鎰油號》，《貴陽文史資料選輯》第 36 輯，《貴陽老字
號專輯》。

91 王淪：《福康顏料店》，《貴陽文史資料選輯》第 36 輯，《貴陽老字號
專輯》。

92 《貴陽文史資料選輯》第36輯，《貴陽老字號專輯》。

帶絹布、火藥等物湧入四川少數民族地區交易銅鐵、聚眾開礦，「江西人民將帶絹尺火藥等件，指以課命，前來易賣銅錢，在彼取（娶）妻生子；費用盡絕，糾合四川糧大雲南逃軍，潛入生拗西番帖帖山投番，取集八百餘人，稱呼『天哥』，擅立官廳，編造木牌，煎銷銀礦，偷盜牛馬宰殺」；江西人的這種作為，有背社會穩定，當地政府長官等對江西人的這些非法活動進行嚴厲整治，只要「勘得委是江西等處人民聚眾竊礦，當領土民追捕趕散，房屋燒毀」**93**。江西商人的違法活動有被誇大嫌疑，而在西南這一帶人數眾多則是事實，在有文字記載的四川省一百零一州縣及成都、重慶二府的外省商人會館，江西會館多達二百餘處，居各省首位。既有以「萬壽宮」、「真君宮」、「許真君宮」、「軒轅宮」為名的全省會館，也有以「文公祠」、「五侯祠」（以上吉安府）、「洪都祠」、「豫章公館」（以上南昌府）、「晏公廟」、「蕭公廟」、「仁壽宮」、「臨江公所」（以上臨江府）、「昭武公所」（撫州府）為名的各府會館。還有各縣的商人會館，如安福會館、泰和會館（觀音閣）等。**94**

　　據藍勇先生統計，清代四川的移民會館共有 1400 座，其中江西會館 320 座，約占 23％。具體分佈在成都平原區共有 182 座，江西會館 49 座，約占 27％；川東地區 34 座，約占 22％；

93　《皇明條法事類纂》卷二九《江西人不許往四川地方閃結夷人訐告私債例》，古典研究會，1966 年版。

94　何柄棣：《中國會館史》第 5 章《會館的地理分佈》。

川中丘陵地區 324 座，江西會館 78 座，約占 24%；川西和川西北地方 58 座，江西會館 13 座，占 22%；川北地區 212 座，江西會館 29 座，約占 14%；川南地區 374 座，江西會館 93 座，約占 25%；川西南地區 94 座，江西會館 24 座，約占 26%。[95] 在江西向四川的移民中，商人毫無疑問是重要組成部分，而且在創修萬壽宮的過程中發揮了重要作用，儀隴縣關於萬壽宮的記載便說明了這個問題。「蜀中客籍之家十之八九，楚南北人最多，其次莫若江右。江右人善賈，賈輒得意去其不去者，必醵金為會，營治萬壽宮，以時祭祀，用答神庥而聯鄉誼。……陳君曲潤，江西吉水人，以懋遷來蜀，僑寓邑西門土門鋪，鋪多故鄉人。乾隆中，集議捐貲百錢為會。自道光初徙亡過半，會貲不絕如縷，賴陳君率從子禮泰、禮炳善經濟之，權其子母累百成千，同治戊辰春始鳩工，創修萬壽宮正殿，越二年成，巍然傑構，中祀許真君像，而以諸神附諸其後殿。」[96]

　　明清以來江西商人對於活躍四川的商品經濟毫無疑問發揮了重要作用。四川物產豐富，由於這種商品經濟主要面向外地市場，商品的流通大多靠長途販運，商品生產者不能直接完成交換的全過程，而是要經過一些商人或商幫的採辦。在長期的商品流通過程中，一些重要商品的採辦也形成了相對固定的模式，相對

95 藍勇：《西南歷史文化地理》，西南師範大學出版社，1997 年版，第 523、524 頁。

96 《土門鋪新修萬壽宮序》，轉引自章文煥《萬壽宮》，華夏出版社，2003 年版，第 169 頁。

固定的商幫或商人。如：四川的生漆，清以前採辦者主要為西幫，到清代廣東幫及川幫均有採辦；川東秀山的桐油，清初由陝幫商人購運，以後湖北、江西兩幫商人來得較多。[97]

三、兩廣、福建地區

　　廣東、廣西兩省也遍布江西商人的足跡。廣東潮、惠等地棉紡業所需棉花，有一半左右靠江西商人從饒州、南昌等府運來，吉安布商有在廣州、佛山等地設立「粵莊」者。[98]廣東佛山鎮明清時代是天下四集之地、四大鎮之一。道光十年（1830），佛山建有江西會館。外省的商人在佛山的規模和勢力，可從捐納等社會活動的資料中進行間接推定。一八七六年重修天后元君古廟而募集資金，捐獻的商人和團體的名單中，在商號前面並列記著外省名稱的例子有四十九件，其中福建有二十一件，江西有八件，湖南有六件，江蘇有四件，廣西有三件，雲南有三件，浙江、河南、陝甘、湖北各有一件。[99]從資料看，外省捐獻的商人中，福建最多，其次江西。通過這些情況，可以推定活動於佛山的外省商人中，福建人最多，江西商人也不少。[100]同治十二年（1873）

---

97 周榮：《略論明清時期長江流域商品經濟發展的區域性特點》，《社會科學動態》2000 年第 3 期。

98 冼寶乾等：《佛山忠義鄉志》，民國十五年刻本。

99 廣東省社會科學院歷史研究所中國古代史研究室等編：《明清佛山碑刻文獻經濟資料》，廣東人民出版社，1987 年版，第 156-201 頁。

100 朴基水：《清代佛山鎮的城市發展和手工業、商會行業》，《中國社會歷史評論》2005 年第 00 期。

的《禪鎮江西義莊官示抄刻碑記》中記載,「職鄉江西一省,客粵謀生者,人數殷繁。期間腰纏萬貫、衣錦榮歸者固不乏人」。[101]廣東南雄是溝通大庾嶺南北的重要商業市鎮,因其地處大庾嶺南麓,北鄰江西贛南,是南北水陸聯運的交通樞紐,商業歷來比較發達,外來經商者多,乾隆《保昌縣志》載,「市肆貿易率多廣郡江閩之旅」;南雄四大會館即為:廣州會館、福建會館、豫章會館、嘉應州會館。江西會館萬壽宮戲臺前留下的勸誡商人的長聯也頗有意味:

「今日之東,明日之西,風塵僕僕,車馬棲棲,走不盡楚水吳山,圖不了肥田廣廈;力兮項羽,狡兮孟德,烏江赤壁總成空;貪什麼?勸君息遊斂翼,閉戶康居,行好事,讀良書,除妄想,種千株。吟乃成吟,臥乃成臥,幾何為多?幾何為少?得安閒處且安閒,適體須尋歡樂地。

忽然而古,忽然而今,世界茫茫,人情渺渺,娶不完嬌妻美妾,養不足孝子賢孫;富若石崇,貴若子儀,白鏹朱冠同西散;慳奚益?願爾解袋松囊,沽魚酌酒,煮流雲,斠皎月,醉長天,歌八節。食雲即食,坐雲即坐,勿計其前,勿計其後,有可用時斯可用,平生莫作守財奴。」[102]

在南雄的各地會館還創辦了小學校,江西會館辦了豫德小

101 廣東省社會科學院歷史研究所中國古代史研究室等編:《明清佛山碑刻文獻經濟資料》,廣東人民出版社,1987 年版,第 154 頁。

102 轉自章文煥《萬壽宮》,華夏出版社,2003 年版,第 177 頁。

學。直到民國末年，江西商人仍不少，以經營洋雜貨國藥為多。[103]

　　廣西桂林在清前期，「外地商賈雲集，粵東、江西人居多」。桂林府臨桂縣是江西商人麇集之地。從清初開始，無論城鄉內外，經商者「江右人居多」[104]。近代，桂林商業更加發達，江西商人、湖南商人和廣東商人共同掌握著桂林的經濟命脈，其他商幫之人則望塵莫及。[105]在民國時期，白果之鄉海洋圩，經營白果收購的商人，半數以上來自興安、全州、湖南、江西，其中又以湖南、江西人為多。[106]南寧府在清朝前期，「本埠商務，以江西……幫為盛」。江西商人在南寧建立的「江西會館」，其規模之宏大，樓臺亭閣建築之華麗為絕無僅有，江西建昌府新城縣商人還在南寧建立了「新城書院」。[107]桂西太平府，仕宦商賈落業者，「山東人十之六，江南、河南、江西、廣東人十之三」[108]。連州、高州等地還有不少關於江西商人施放子母錢的記載。廣西桂林、柳州、潯州、太平、鎮安等處，江西鹽商、木材商、藥材商活動頻繁。尤其是梧州，居左右江匯合之要，百貨往來，帆檣林立，其繁榮程度在清前期幾乎與漢口、湘潭相埒，

103　網文《南雄商業史話》。
104　嘉慶《臨桂縣志》卷一二，引自《雍正廣西通志》卷8《風俗》。
105　光緒《臨桂縣志》卷八《風俗》。
106　《靈川縣工商管理志‧圩鎮》（手稿）。
107　民國《邕寧縣志》卷四《商業團體》。
108　嘉慶《廣西通志》卷八八《輿地略九‧風俗二》。

江西商人在這裡所開商號有百十家。[109]梧州有三江兩浙會館，為江蘇、安徽、江西、浙江四省商人合建。[110]而廣西桂林盛產六垌茶的兩江茶垌區，「全區毛茶歷來全賴湘、贛、粵商運銷」[111]。此外，清初許多外地有技者、流亡者不斷進入土司地區，其中江西商人雜處其間，康熙年間，「江西、湖廣暨紹興之薄有技而不遇者、避罪亡命者皆入土司中，土司輒留授廬舍，妻以土女，視其技之短長而上下其廩餼。於是皆竭智殫能，各獻其所長，而文史、琴棋、醫卜、種藝、賈販、工匠之屬畢至，宛然文物盛矣」[112]。大量外來人口進入廣西少數民族集居之地，與當地百姓雜處，為當地社會發展帶來了新的活力，也給各級官府增添了管理的難度，因而清統治者對一些地區民間的自發流移採取了限制乃至打擊的政策。在桂西土司地區，當權者即把外地漢人看成不安定因素，稱其為「漢奸」、「游棍」，認為當地民族的反抗和社會動盪的原因在於「漢奸」的調唆和撥弄，一再限制漢人自發進入。雍正時廣西巡撫金鉷說：「粵西土屬，為湖廣、江西漢奸聚集之數，欲利薰心，行同狡繪，惟恐地方無事，不能施其

109 方志遠：《明清江右商研究》，《明清中央集權與地域經濟》，中國社會科學出版社，2002 年版。

110 彭澤益：《中國工商行會史料集》下冊，北京：中華書局 1995 年，第648 頁。

111 民國《廣西年鑒》第 2 回《漁牧蠶蜂》。

112 黃之雋：《吾堂集》卷一七。轉引自古永繼《元明清時期廣西地區的外來移民》，《廣西民族研究》2003 年第 2 期。

619

伎倆，於是百計營謀，多方唆撥，或令拒捕，或令抗糧。凡不法之舉，盡出漢奸之教誘。……今欲靖地方、安民生，當以查拿漢奸為首務。」[113]

　　據李華先生研究，到清代前期，在廣西經商的外省商幫多達十二個，以廣東、江西、福建、湖南等省商幫實力最強，其中又以廣東幫活動範圍最廣，人數最多，資本最為雄厚。[114]有學者研究認為，近代廣西外省的商人，主要來自廣東、湖南、江西、福建、雲南、貴州、四川等省，以廣東、福建、江西、湖南為四大幫。據資料顯示，在民國時期廣西的一百〇一個縣中，有六十六個縣有贛商經營記錄。江西商人經營範圍集中在典當、土特產運銷、手工加工製造業等傳統行業。[115]

　　福建地處江西東部，兩省以武夷山脈分界。明清時代，江西福建商貿往來頻繁，江西商人入閩經商者人數眾多，福建建陽、邵武、長汀等地早在明代便有大量江西商人活動和入籍。建寧府盛產武夷山茶，茶農茶商幾乎都是江西人，每到早春二月，總有數十萬江西人來此經營販賣。[116]福建糧食缺乏，江西人運糧前來銷售，補給糧食之需，如福建長汀，「歲只一熟無兩收也，米

---

113 金鉷：《檄拿漢奸論》，乾隆《橫州志》卷一二《藝文志》。

114 李華：《清代廣西的地方商人》，《歷史檔案》1992 年第 1 期。

115 陳煒：《近代廣西境內的商賈》，《貴州文史叢刊》2003 年第 4 期。

116 方志遠：《明清江右商研究》，《明清中央集權與地域經濟》，中國社會科學出版社，2002 年版。

穀豆麥出產無多，不敷需求，須籍寧瑞挑運源源接濟」[117]，「惟糧仰給於江右之贛寧」[118]。福建上杭也是如此，江西人販米銷售者更多，「查未行禁以前，每日江販來米八九擔。……江販之米日運至下壩、羅塘、新埔一帶河道直達嘉大埔，每日千擔或數百擔不等」[119]。此外，江西商人在福建也有不少經營藥材的，大黃是陝西所產著名藥材，乾隆末年的一份奏報稱：「大黃產於陝西，聚於湖北漢口，向來多系江西客人由楚販來福建省城及漳、泉等郡發賣銷售。」[120]福建的藥材行戶也說，「各樣藥材，俱由江西樟樹鎮販運來閩銷售。但江西亦不產大黃，聞得陝西涇陽縣為大黃彙集之所，轉發漢口、樟樹等處行銷」[121]。

近代，江西商人在福建福州亦建有會館，據《海關十年報告（1882-1891）》載：「就目前所能確定的，在福州，有十個省份設有會館，即：廣東會館、兩廣會館、江西會館、江蘇會館、安瀾會館、浙江會館、安徽會館、湖南會館、山陝會館、奉直會館。所有這些會館都起源於初到此地的陌生商人，他們公開的目的是提供一個集會的場所。」[122]

---

117 道光《長汀縣志》卷一八《實業》。

118 道光《長汀縣志》卷三〇《風俗》。

119 道光《上杭縣志》卷三六《雜錄》。

120 方行等：《中國經濟通史 · 清代經濟卷》，經濟日報出版社，2000 年版，第 1127 頁。

121 《清高宗實錄》卷一三八二，「乾隆五十六年秋七月乙亥」條。

122 彭澤益：《中國工商行會史料集》下冊，中華書局，1995 年版，第 634 頁。

四、江浙皖地區

南直（今江蘇、安徽）、浙江，自唐宋以來一直是商品經濟最為發達的地區之一，明清時期江西商人在此也十分活躍。揚州位於長江北岸，大運河出口，為蘇北門戶，明清時期為鹽業的轉運港口，百貨彙集，商賈摩肩，據萬曆《揚州府志》載，在揚州的各地商人，以徽商最盛，其次則是陝商、晉商和江右商。[123]揚州最晚建立的會館，為晚清之際的四岸公所。揚州之鹽，凡是銷往湘、鄂、贛、皖四省口岸的，其運鹽的先後、載鹽的多少、購鹽的貴賤，都必須由大小商人們議定，以便有序地進行，所以應運而產生了「四岸公所」。四岸公所實際上是湘、鄂、贛、皖四省鹽商的議事之地，近人徐謙芳《揚州風土記略》卷上說：「兩淮政務殷繁，商人未便朝夕入署，於是有商辦官立之機關，如儀棧、分棧、場運局是也；有完全商立之機關，如四岸公所、場鹽分會、食岸公會是也。……（鹽）運分湘、鄂、西、皖四岸，輪票運鹽，挨次銷售。」公所裡有專職辦事人員，負責經辦鹽運的諸般事宜。比如，他們要為商人代辦鹽稅，要到錢莊去取銀錢，要上鹽運司領稅票，要去鹽商會交鹽款等等。萬事俱備之後，四省的客商們才能持票往儀征十二圩鹽棧領鹽，然後裝船，駛往各個口岸。[124]泰和鹽商「肖百萬」應是江西鹽商中的知名

---

123 萬曆《揚州府志》卷一《風俗》。

124 韋明鏵：《揚州的會館資源及其價值》，《揚州網讀書頻道》2010 年 12 月 8 日。

人物，此地江西會館萬壽宮在揚州新城花園巷。**125**

　　蘇州為明清時期天下四聚之地，《吳縣志》載，「凡四方難得之貨，靡所不有……天下財貨莫盛於蘇州」，「四方萬里，海外異域，珍奇怪偉，稀世難得之寶，罔不畢集，誠宇宙間一大都會也」。蘇州水陸交通四通八達，各省商人摩肩而來。江西商人來此經商者行業多、地域分布廣，「姑蘇為東南一大都會，五方商賈，輻輳雲集，百貨充盈，交易得所，故各省郡邑貿易於斯者莫不建立會館」。康熙二十三年（1684）建立了江西會館，嘉慶元年（1796）重修時，據《重修江西會館樂輸芳名碑》記載，「吾鄉官於斯，客於斯者，咸捐資斧，踴躍相從」，從碑刻樂輸芳名上考察，商人從地域看，涉及南昌府、豐城縣、南城縣等府縣，其中南城縣眾商捐獻最多，捐元銀一千六百兩；從行業商人看，包括麻貨、紙貨、炭貨、漆貨等行業，其中麻貨商人捐獻最多，捐元銀一千二百兩。**126**江西來蘇州買賣白麻者較多，獲利較厚，白麻一擔，每擔抽四分，一歲可集貲八萬兩有餘，一年交易二十萬之多，因而資金充足。**127**

　　明清時期蕪湖是長江中下游又一重要商業城市，江西商人活動很多，過境轉運頻繁。據《海關十年報告（1882-1891 年）》

125 章文煥：《萬壽宮》，華夏出版社，2003 年版，第 172 頁。

126 《重修江西會館樂輸芳名碑》，《明清蘇州工商業碑刻集》，江蘇人民出版社，1981 年版，第 345-349 頁。

127 章文煥：《萬壽宮》，華夏出版社，2003 年版，第 171 頁。

載：「在蕪湖有十七個會館，他們是下列的省、府的官員和商人們提供聚會的場所，即：湖北、湖南、山西、江西、福建、廣東、紹興府（浙江）、鎮江（江蘇）、徽州和盧州（安徽）；旌德和太平（甯國府、安徽）。還有銀號、錢莊、糧商、鴉片販子以及清江縣（江西）、太湖和宿松縣（安徽）等縣木簰商建立德會館。江西木簰商建立了一個江西會館。」[128]

上海是清中期後興起一座城市，近代發展成東方一大都會，江西商人到此經商者光緒之前人數較少，貿易也沒有太大起色，勢力較小，此後來上海經商者人數越來越多，「光緒二十年，吾贛之仕宦及商賈於滬上者，稱盛一世」[129]。

長江北面的盱眙、泗州等地，長江南面的南京、鎮江、松江等地及浙江的杭、衢、婺、處諸府，也均有江西商人或為坐賈列鋪買賣，或為行商輾轉販運。南京江西商人較多，某些行業如出版印刷業江西商人更眾，清代中期南京狀元境的書坊二十餘家，「大半皆江右人」[130]，江西會館在評事街[131]；鎮江為長江重要港

128 彭澤益：《中國工商行會史料集》下冊，中華書局，1995 年版，第633 頁。

129 《上海江西會館史略》，彭澤益：《中國工商行會史料集》下冊，中華書局，1995 年版，第 856 頁。

130 《白下瑣言》卷二。轉引自李伯重：《明清江南的出版印刷業》，《中國經濟史研究》2001 年第 3 期。

131 徐壽卿：《金陵雜誌》，彭澤益：《中國工商行會史料集》上冊，中華書局，1995年版，第196頁。

口之一，江西商人在鎮江建會館一所。**132**浙江衢縣，據民國《衢縣志·食貨志》載，「一切金融流通，價格之上漲，悉諸客幫人之手，閩、贛、徽、廣各樹一幟。民國以來，商戰益劇」。江西會館萬壽宮位於大功坊，乾隆十一年（1746）豫章眾商建。民國年間內設兩所小學，可見其規模相當宏大，超過杭州江西會館。浙北商業重鎮嘉興，位於大運河沿岸，滬杭之間，商業繁盛。清乾隆年間，江西商人在杭州灣北部嘉興建萬壽宮。據嘉興府《重建江西萬壽宮會館碑記》：「江右商人於乾隆十二年公捐己貲，在秀邑靈光坊置買房屋地基一畝二分，設造江西萬壽宮會館。又二十二年，又置田七畝九分……凡江右商民聽其出入館，其餘雜事人等，漫無稽查，一概不容出入，所有房屋田產，均當協力稽管持守之道，以垂久遠……大清乾隆四十二年五月中浣立碑記。」**133**位於秀水、桐鄉交界的嘉興府濮院鎮，元代絲綢貿易已頗有名氣，明中葉後進一步發展，成為萬戶巨鎮，商賈輻輳。鎮上彙集了各地的工商業者，「典當司櫃多徽州人，成衣木局多寧波人，針工多句容人，染坊、銀匠多紹興人，漆工多江西人」**134**。大別山區盛產藥材，成為江西清江藥商的重要採購點。浙江山區多產藍靛、薴麻、紙張，江西商人亦深入山區採購。**135**

---

132 章文煥：《萬壽宮》，華夏出版社，2003 年版，第 171 頁。

133 章文煥：《萬壽宮》，華夏出版社，2003 年版，第 173 頁。

134 《濮院瑣志》卷七《雜流》。轉引自范金明《明清地域商人與江南市鎮經濟》，《中國社會經濟史研究》2003 年第 4 期。

135 方志遠：《明清江右商研究》。轉引自歐陽琛、方志遠：《明清中央集權與地域經濟》，中國社會科學出版社，2002 年版，第 210 頁。

而且，文獻中也有不少關於商人在此地營商的具體記載，玉山吳氏兄弟士仰、士哲往蘇州、南京貿易，士登、士發往杭州，銷售自家山場所產木材。廣豐呂杞昌，繼承父業，往蘇松經商。廣豐商人往蘇松一帶販賣蓮子、茶油、苎布。**136**

此外，明清江西木材商人在長江中下游流域經營竹木貿易，勢力和影響居行業翹楚。江西商人經營木材，以吳城為木材集散地，贛江、修水、撫河等流域的木材，做成小排，順江而下，彙集吳城，然後在此重紮大筏，出湖口，入長江，運銷至蘇州、揚州、南京及上海等地。如江西龍南人魏麥卿以經營木業崛起於常州木行界，為了與婺源商幫競爭地盤，團結江西木客，集資在常州三堡街創立了贛州「龍南會館」，亦稱「贛龍信公所」（建立年代不詳）。洪都木材商是江西商幫的代表，洪都即江西南昌，下轄新建、高安、奉新、靖安、安義等八縣，洪都木材商自清光緒十一年（1885）起就開始集資，籌銀一萬三千兩，於清宣統元年（1909）在大運河南岸的三堡街興建「洪都會館」，又稱「洪都木材商公所」。洪都幫木商一度壟斷了第一木都衙前地區的杉木採伐，其在南昌設立總部指揮全域，在南京設銷售管事（經理），在常州、蘇州設坐棚辦事處。洪都會館現存碑文記載：「公所之設，所以禮……神明，聯鄉誼也。凡商務繁盛之區，商旅輻輳之地，會館公所莫不林立……常州當為木商薈萃之區，公所之建不容再緩……」常州現存唯一的會館是位於北門外青山路中街

---

136 龍登高：《江南市場史》，清華大學出版社，2003 年版，第 161 頁。

的「臨清木業公所」，亦稱「臨江會館」，「臨清」為江西臨江府和清江縣的簡稱，臨江會館始建於清光緒二十六年（1900）。**137**

五、京津等北方地區

明清時代，北京是政治、經濟、文化中心，天下珍奇薈萃，「京師最尚繁華，市廛鋪戶妝飾富甲天下。如大柵欄、珠寶市、西河沿、琉璃廠之銀樓緞號，以及茶葉鋪、靴鋪，皆雕樑畫棟、金碧輝煌，令人目迷五色。至肉市、酒樓、飯館，張燈列燭，猜拳行令，夜夜元宵，非他處所可及也」**138**。北京的繁盛，自然吸引外來人口的大量湧入，江西人亦雜處其間，而且人數眾多。張瀚《松窗夢語》記載：「今天下財貨聚於京師，而半產於東南，故百工技藝之人亦多出於東南，江右為夥，浙、直次之，閩粵又次之。」**139**清前期曾任文華殿大學士的江西高安人朱軾曾在《高安縣會館記》中說，「京都為千百國之所會歸，仕者、商者、賈者、藝者，攘攘熙熙，望國門而至止，如江河之朝宗焉。……前朝為吾鄉會館最多」**140**。各省在京會館的多寡與一定的政治勢力相聯繫，並反映其在京人數的多寡和政治、經濟勢力的大小。明中後期北京的會館見於文獻記載者有四十一所，其中江西

---

137 梁明武：《明清時期木材商品經濟研究》，北京林業大學博士論文，2008 年，第 151 頁。

138 （清）李虹若：《朝市叢載》卷四《風俗》。

139 （明）張瀚：《松窗夢語》卷四《百工紀》。

140 章文煥：《萬壽宮》，華夏出版社，2003 年版，第 131 頁。

會館十四所，占百分之三十四，居各省之冠。清光緒年間，北京會館三百八十七所，江西為五十一所，占百分之十二，雖比重減少，但仍為各省之冠。[141]毫無疑問，這些會館中有相當數量是商人或士商共建。此外，北京某些行業江西商人佔據主導地位，明清時期，江西出版印刷業較發達，江西書肆遍天下。北京的書局，在歷史上分為兩大派系，一派來自江西，另一派來自直隸的冀州、深縣和棗強等地，故又稱河北派。[142]天津是明清時期興起的軍事、商業重鎮，江西商人在此勢力較大，多處建有會館，江西會館在估衣街萬壽宮內，據《津保甲圖說序》，在道光年間建於北門外護城河北估衣街有萬壽宮。當時天津交通便利，商賈雲集，最繁盛的地方就是北馬路、東馬路與南運河一帶。北馬路的估衣街是最繁華的街道之一。光緒年間，江西靖安縣富商陳筱梅在天津設有錢莊。民國時期，江西商人會館萬壽宮依然保存良好。[143]此外，贛皖湘鄂的士紳在天津有一聯合會館。[144]

　　河南、河北、山東、陝西等省府縣，同樣有江西商人活躍其間。河南鄧州，明中後期，百姓善農而不善賈，因而本地外來商

141 呂作燮：《試論明清時期會館的性質和作用》，《中國資本主義萌芽問題論文集》，江蘇人民出版社，1982 年。

142 張雙林：《老北京的商市》，燕山出版社，2007 年版，第 161 頁。

143 參見張燾《津門雜記》卷上《會館》，彭澤益：《中國工商行會史料集》上冊，中華書局，1995 年版，第 196 頁；章文煥：《萬壽宮》，華夏出版社，2003 年版，第 138 頁。

144 彭澤益：《中國工商行會史料集》下冊，中華書局，1995 年版，第 634 頁。

賈較多，而其中江西商人尤為眾多。江西商人進行放貸的活動，引起了地方士大夫的不滿，當時的大官僚李賢在描述江西商人在其家鄉鄧州放債的情況時就說道：「（河南鄧州）善農而不善賈。惟不善賈，而四方之賈人歸焉。西江（江西）來者尤眾。……（凡地之所種者）終歲勤勤，其為所獲者，盡為賈人所有矣。」[145]明英宗正統十四年（1449），河南布政使年富甚至要求政府盡驅在當地的江西移民，尤其是江西商人。河間府的瓷商、漆商，宣化、登州等地的書商、巾帽商等，也「皆自江西來」。河南周家口鎮也有較多江西商人商號。[146]陝南山區，歷來是流民彙集之處，清陝西按察使嚴如熤說這裡土著居民不到分之一二，其餘的皆來自湖廣、廣東、安徽、江西，而江西流民則多從事工商業活動。[147]

此外，明清時期，貫通南北、連接五大水系的京杭大運河，是當時南北物資交流的主動脈。運河的暢通帶動了兩岸經濟社會的發展，使這一區域逐漸形成了以運河為商品流通骨幹的城鄉市場網路，這個網路由流通樞紐城市（北京、臨清、揚州、蘇州、杭州等）、中等商業城鎮（德州、聊城、張秋、濟寧、淮安、鎮

---

145 （明）李賢：《古穰文集》卷九《吾鄉說》。轉引自韓大成《明代社會經濟初探》，人民出版社，1986 年版。

146 王興亞：《對明清時期北方五省商業鎮市之研究》，《許昌師專學報》2000 年第 1 期。

147 方志遠：《明清江右商研究》。轉引自歐陽琛、方志遠：《明清中央集權與地域經濟》，中國社會科學出版社，2002 年版，第 209 頁。

江、無錫、常州等）和農村集市相互聯結而成，覆蓋華北、華東的大部地區。全國各地的商幫都被京杭運河這塊巨大的磁石所吸引，徽商、西商、洞庭商、江右商等全國著名的商幫雲集於此，搶佔商機，分攫市利。素以人數眾多、吃苦耐勞、活動範圍廣泛著稱的江西商幫在運河區域非常活躍，到處都有他們的商號和會館。如運河流經的山東段，優越的地理位置和便利的交通條件，吸引了江南商人轉售棉花綢緞，西北商人販運糧食布帛，閩廣商人以糖茶、紙張打開山東市場，江西商人用瓷器換取麥豆。明清時期山東運河區域商人會館四十五所，山西商人會館最多，其次是江南商人會館，再次是江右商和福建商人會館。這樣的會館數量對比，恰恰是明清時期山東運河區域各地商人商幫勢力強弱不等的反映。江南、江右商人及閩商多集中在台兒莊、濟寧、聊城等重要城鎮建立會館，尤以距離南方相對較為近便的台兒莊、濟寧為密集。[148]

　　江西商人活動區域除上所述各地外，邊疆之地如遼東、甘肅、西藏等地乃至域外、海外，也有江西商人活動的身影。玉山縣商人張良舒，長年在遼陽經商，積資甚富。同鄉商人多在此有外室，並有人將佳麗介紹給張良舒。可見當地江西商人不在少數。南豐縣商人夏某曾多次出入西藏，往返貿易，最後病死於藏

---

148 參見王雲：《明清山東運河區域的商人會館》，《聊城大學學報（社科版）》2008 年第 6 期；王雲：《明清時期活躍於京杭運河區域的商人商幫》，載《光明日報》2009 年 2 月 3 日。

東旅次，竟然被他兒子打聽到下落，扶柩而歸。可見這條商道也是江西商人的熟路。景德鎮瓷商則往往遠涉重洋，出海貿易。明成祖永樂時，有「饒州人」程複以琉球國中山王長史的身份與明朝使者接觸。據史料記載，程複是明初經商至該地定居的，很可能是景德鎮瓷商。嘉靖時，明廷命「浮梁客」汪宏等人隨外商船隻出海採買香料，這汪宏等人也應該是經常出海貿易的茶商或瓷商。南城、萬安等處商人蕭明舉等經商至滿剌加（今馬來西亞麻六甲州），到武宗正德時，以該國通事的身份到北京公幹，但不改舊習，「私（購）貨材」。[149]明清之際，江西商人在海上從事藥材、紗、絲等違禁商品的買賣者，也佔有相當人數。明正德三年（1508）滿剌加入貢，其通事亞劉本江西人蕭明舉，負罪逃入其國。又琉球左長史朱輔本江西饒州人，仕其國多年，年八十余，彼國貢使攜帶奏明，許其還鄉。這些小國通事之人，多是一面兼作商人，實為後來買辦的前身。[150]

明清時代，江西商人遠商滇雲而至於緬甸者，人數亦不少，主要為江西撫州人。王士性記載，明萬歷時，「餘備兵瀾滄，視雲南全省，撫人居什之五六，初猶以為商販止城市也。既而察之，土府、土州，凡棘獠不能自致於有司者，鄉村間徵輸里役，無非撫人為之矣。然猶以為內地也。及遣人撫緬，取其途經酋長

149 方志遠：《明清江右商研究》。轉引自歐陽琛、方志遠：《明清中央集權與地域經濟》，中國社會科學出版社，2002 年版，第 211 頁。

150 傅衣凌：《中國海外貿易經營者出生地小議》，《傅衣凌治史五十年文編》，中華書局，2007 年版，第 215 頁。

姓名回，自永昌以至緬莽，地經萬里、行閱兩月，雖異域怪族，但有一聚落，其酋長頭目無非撫人為之矣」[151]。撫州人艾南英《白城寺僧之滇黔募建觀音閣疏》也記載，「吾鄉富商大賈皆在滇雲，乃裹糧走金齒洱蒼，歸而建長虹以濟眾。顯之弟曰正演，長守其宗門，不辭其力，以廣其未至……經歷寒暑凡三載，所至緬甸、騰川、姚永、臨鬳，足跡遍七千里，而僅得百金以歸」[152]。

第二節 ▶ 江右商幫的經營行業

江西人從事商業販賣，首先是以本省豐富的物產為主要基礎，經營行業也以本地出產為依託，瓷器、紙張、布匹、茶葉、糧食、木材、煙草、藍靛等物產都是其經營的主要商品。

一、瓷業

明清時代，江西商人將瓷業作為大產業經營，離不開瓷都景德鎮的興起與繁盛。早在唐初，江西浮梁的瓷器便有「假玉器」之稱。入宋後，饒州浮梁縣昌南地區的製瓷業技藝日精，產品更美，影響擴大。宋真宗景德元年，朝廷於江南東路饒州浮梁縣置景德鎮，在此設專門官吏，對瓷器實行徵稅、管制、專利的政

---

151 （明）王士性：《廣志繹》卷四《江南諸省》。
152 （明）艾南英：《天傭子集》卷九《白城寺僧之滇黔募建觀音閣疏》。

策，景德鎮製瓷開始進入瓷業中心的光輝歷程。及至明代，景德鎮已成為中國製瓷業中心，有「瓷都」之稱，「官窯設焉，天下窯器所聚，其民繁富甲於一省」，該地瓷器生產晝夜不停，「萬杵之聲殷地，火光燭天，夜令人不能寢」[153]，終年煙火不斷，呈現出一片繁榮的景象。《天工開物·陶埏》載，明時「中華四裔馳名獵取者，皆饒郡浮梁景德鎮之產也」，「合併數郡，不敵江西饒郡產」。清代，景德鎮的瓷業生產進一步繁盛，唐英在《陶冶圖說》中也寫道，清雍正至乾隆初，景德鎮「工匠人夫不下數十萬，籍此食者甚眾」。曾在景德鎮住過七年的法國傳教士殷宏緒在康熙五十一年（1712）給法國教會寫信說，清前半期，「景德鎮擁有一萬人千戶人家，……從各處嫋嫋上升的火焰和煙氣，構成了景德鎮幅員遼闊的輪廓。到了夜晚，它好像是被火焰包圍著的一座巨城，也像一座有著許多煙囪的大火爐」。清人沈懷清云：清前半期，景德鎮「事陶之人動以數萬計」。

　　瓷業生產的繁盛，瓷器產品的精美，促進了瓷器銷售的發展。景德鎮出產的瓷器遠銷各地，「自燕雲而北，南交趾，東際海，西被蜀，無不至，皆取於景德鎮，而商賈往往以是牟大利，無所復禁」[154]。在官營貿易的同時，私營販賣也逐漸興盛。明成化十四年（1478），浮梁縣商人方敏，「湊銀六百兩，買得青白花白碗、碟、盆、盞等項瓷器，共二千八百個」，船運至廣東

153　（明）王世懋：《二酉委譚摘錄》，《記錄彙編》卷二〇六。
154　嘉靖《江西省大志》卷七《陶書》。

海外，賣給「番船」[155]。到景德鎮來採購瓷器運銷全國各地乃
至海外的商人，以省內居多，省外客商也紛至沓來。因地域不
同，各商人紛紛組建自己的行幫組織，建立會館。清嘉慶年間，
景德鎮有蘇湖會館、臨江會館、饒州會館、南昌會館、都昌會館
等。瓷行掌景德鎮瓷器輸出，晚清瓷行五十家中，「屬江西商者
三十六，屬湖北商者六，屬廣東湖南安徽商者各二，屬寧波、南
京商者各一」。在景德鎮從事瓷器販賣的江西商人中，又以饒
州、南康、撫州、南昌、吉安為多。瓷器銷售地域也極為廣泛，
明清各國內大市場小集鎮，甚至是邊陲之地，均有江西人從事瓷
器經營，如民國初年，江西人孫桐武、梁森泰、王光祖由江西販
運景德鎮瓷器去騰沖設店推銷，之後定居騰沖。[156]

二、紙業

　　江西商人經營紙業，得益於本省有大量優質紙張出產。江西
是傳統的農業大省，自然生態條件優越，森林覆蓋率高，竹木等
造紙原料豐富，具有傳統的造紙技術，具備發展造紙業的基礎。
明清時代，江西造紙業在全國處於領先地位，造紙作坊遍及各
地，紙張種類繁多，能滿足不同用紙的需求。江西各府都有產紙
之地，較大的造紙槽坊有南昌附近的西山大型官辦造紙工廠和廣

155　（明）戴金編：《皇明條法事類纂》上冊卷二〇《接買番貨》，古典
　　　研究會，1966 年版。

156　王輔元：《解放前騰沖縣的客籍會館》，《騰沖縣文史資料選輯》第 3
　　　輯，1991 年 12 月。

信府的鉛山、玉山、上饒、永豐（今廣豐）諸縣的造紙槽房。廣信府是明清江西造紙業的中心，其造紙槽房勃興於明初，先於玉山出現，後發展至永豐、鉛山、上饒等縣。從嘉靖《江西大志·楮書》可知，贛東北四縣不僅槽房多，而且造紙規模大。槽房數量約六百座，其中玉山最多，約為五百座，永豐、鉛山、上饒三縣共約一百座。清康乾年間，江西造紙業又開始回升，紙的產量、品種和品質都在明代的基礎上有所進步。贛東北的鉛山縣，繼明代之後，取代產紙中心玉山，成為最負盛名的產紙地。

可以說，明清時代江西造紙業處於全國先進的行列，不僅規模大、品種多，而且技術精細，水準很高。直到民國仍有這樣的記載，「考吾國歷來產紙最盛之區，推閩、浙、贛。較以質與量，更以江西所產為最優最巨。明永樂中曾有西山官紙局之設，專事督造，江西之紙，於是蜚聲全國，迄民初猶未衰。據前農商部調查，江西紙產，民四至民七，四年間之平均產額，價值在八百萬元以上，同年間全國紙產額約四千萬元，占全國五分之一，為中國產紙之首區。……萬載、宜春以造錶芯紙、粗紙為主，鉛山產連史、關山等細紙，為各縣之冠，銷行最廣；石城、永豐、吉安、龍泉、泰和、（鉛山）河口產毛邊紙，以泰和產為最佳，銷行於長江下游一帶，稱泰和毛邊；（鉛山）石塘之觀星嶺、產官堆，亦甚著名。奉新、靖安以產火紙著，行銷華北一帶為最廣」[157]。從產地到銷售市場，自然離不開商人在其中發揮的重

要作用。以紙業中心鉛山為例，入清以後，鉛山紙業貿易空前繁榮，乾隆《鉛山縣志》記載，「賈客貿遷，紙貨為盛，曰毛六、曰黃表、色樣不一，命名各殊」。乾隆、嘉慶時期，僅河口一地，紙店、紙號、紙棧、紙莊就達到百家以上，經營者除本地人外，外地商人也紛至設莊收購，其中徽閩人居多。[158]贛州府興國縣，出產竹紙、連四紙、綿紙、草紙等，竹紙潔白細嫩，連四紙白而長大，均為文化用紙。綿紙色暗質韌，是做紙扇等的好材料，價廉而適用，「市之者眾，有轉販至他省郡者」[159]。在江西經營紙張者，本省以吉安府商人為多，外省則以徽州、福建商人為多，亦有西北商人。明代及清前期，江西本省商人經營紙業致富者不在少數。如廣信府，「紙槽前不可考，自洪武年間創設於玉山一縣，……楮之所用，為構皮，為竹絲，為簾，為百結皮。其構皮出自湖廣，竹絲產於福建，簾產於徽州、浙江，自昔皆屬吉安、徽州二府商販裝運本府地方販賣」[160]。此外，明清江南出版印刷業發達，其紙張主要來自江西。自本省紙張出產地販賣至蘇杭等地出售的江西商人人數眾多，從清嘉慶元年（1796）蘇州江西會館重修樂輸芳名碑考察，南昌府紙貨眾商捐元銀七百兩、山塘花箋紙眾商捐元銀三百兩、德興縣紙貨眾商捐元銀一百〇五兩，捐款總數僅次於麻貨眾商（元銀 1200 兩），可見紙貨

---

158 鉛山縣縣志編纂委員會編：《鉛山縣志》，南海出版公司，1990 年版，第 278 頁。

159 同治《興國縣志》卷一二《土產》。

160 （清）查慎行：《西江志》卷二七《土產》。

眾商財力較厚。[161]

三、布業

　　江西商人經營布業，與江西成為明清時期重要的棉麻紡織區密不可分。明代江西棉布產量較大，明朝廷每年向江西徵取的棉布達十萬匹。有些地方以種植加工棉花為主業，如贛北九江府所屬五縣，縣縣種棉，「以木棉價值，收成勝於他產」[162]。麻紡織品產量同樣不小，嘉靖年間江西在夏稅中交納的苧布為一千三百四十一匹，秋稅中交納到北京、南京的苧布折米合計八萬四千擔，折合苧布十二萬匹；分別由萬載、宜春、分宜、萍鄉、上饒、玉山、永豐（今廣豐）、鉛山、弋陽及萬年等縣承擔。萬載縣，是贛西北苧布生產的中心，明末時期，約有百分之七十的農戶從事或兼營夏布（苧布）生產，縣城經營夏布的商號上百家。[163]可以推測，布商為數不少。

　　清代棉布生產已遍布江西各地。南昌府南昌縣，鄉村數百里，「無不紡紗織布之家，勤者男女更代而織，雞鳴始止，旬日可得布十匹，贏利足兩貫餘，耕之所獲，不逮於織」。南康府，

---

161 《重修江西會館樂輸芳名碑》，見《明清蘇州工商業碑刻集》，江蘇人民出版社，1981 年版，第 345-349 頁。

162 嘉靖《九江府志》卷四《食貨》。

163 萬載縣志編纂委員會編：《萬載縣志》卷一七，江西人民出版社，1987 年版，第 304 頁。

「棉布四縣出」。**164**。撫州府，「木棉布，紡木棉花為之，聚萬面塘，出東鄉」**165**。吉安府盧陵縣，棉布成為百姓的「資生常貨，用廣而利厚」。布業生產的興旺，催生了市場的繁榮。到清後期，全省重要的運銷市場以吉安、樂平、新淦、豐城、永新、臨川、黎川、興國、清江、南豐、于都、高安為中心，產量以吉安為最多。唯有吉安的棉布除在本郡銷售外，還銷往廣東和福建，德化縣的棉布行銷長江一帶，其他各地的棉布都在本省銷售。在各地的棉布中，以德化縣的棉布為最佳。**166**清代江西夏布的生產取得長足的進展，並趨於鼎盛，形成了三個夏布生產的中心區域：以萬載、宜春為中心的贛西北地方，以寧都、石城、興國為中心的贛南地區，以宜黃為中心的贛東地區。贛西北夏布生產中心萬載縣，「萬載夏布為萬載、宜春兩縣夏布之統稱。萬載產麻不多，夏布原料多從宜春輸入；宜春產麻甚豐，且質地優美，但織布之法，不及萬載，故宜春夏布，多在萬載製造」**167**。贛南寧都州夏布生產興盛，農家婦女「無蠶桑之職，惟事績紉」，績麻之後，請來織布工匠在家織成夏布，再拿到專門的「夏布墟」進行交易，每逢趕集之日，「土人及四方商賈如雲」。總計寧都

---

164 饒州府，「帛類，布、綿、麻苧數色，各縣出」正德《饒州府志》卷一《土產》。

165 嘉靖《撫州府志》卷八《物產》。

166 陳榮華等：《江西經濟史》，江西人民出版社，2004 年版，第 395 頁。

167 《經建季刊·萬載夏布》，民國三十六年四月版。

城鄉所產夏布，除家用外，「每年可賣銀數十萬兩」[168]。石城縣，「以苧麻為夏布，織成細密，遠近皆稱。石城固厚莊，歲出數十萬匹，外貿吳、越、燕、亳間」[169]。而興國縣所產夏布，「精者潔白細密」[170]，夏秋間每到集期，夏布交易市場，與寧都夏布墟類似，「土人及四方商賈雲集交易」[171]。贛東宜黃一帶，夏布產量也很多，宜黃縣「縣中無地不種苧，婦人無人不緝苧」，及至清末，年產夏布約四十萬匹。宜黃境內的棠蔭鎮是夏布的產銷中心，尤其以生產優質夏布著稱。宜黃的夏布通過棠蔭市場運銷全國各地，甚至遠銷朝鮮、日本、東南亞各國。永豐縣出產夏布，境內的藤田鎮在清末有九家專門經營夏布的「夏布行」，每年生產和收購的夏布達數萬匹，大多銷往蕪湖、無錫、成都、廣州及東南亞等地。

明以前，江西布商主要經營夏布，此後，則夏布、棉布兼營。而這些商人中，以吉安、清江兩地商人較多。吉安布商多走蜀、廣，有專號「蜀莊」、「粵莊」；而清江商人經營地域則較散，如聶志廣「抱布貿絲，服賈於梅江」，楊崇齋「於黔之玉屏，兄弟業油布」，楊鳳岡「援例入成均，偕諸弟與岳祖複扶持布業」等等。[172]

---

168 道光《寧都直隸州志》卷一二《土產》。

169 道光《石城縣志》卷二《物產》。

170 同治《興國縣志》卷一二《土產》。

171 道光《興國縣志》卷一二《物產》。

172 羅輝：《清代清江商人研究》，南昌大學碩士論文，1999 年，第 11 頁。

四、茶業

　　江西產茶歷史較早，自唐開始，製茶業開始出現勃興，贛東北的饒州府浮梁縣便是全國著名的產茶中心和銷售集散地，該地「每歲出茶七百萬馱，稅十五餘萬貫」[173]，唐詩中，「商人重利輕別離，前日浮梁買茶去」，反映了當時此地茶葉貿易的繁盛。宋代江西產茶在全國佔有重要地位，南宋紹興年間，江西茶葉產量居諸路首位，約占總數的百分之三十。[174]

　　明清兩代江西仍是重要的產茶區。明代江西南昌、饒州、南康、九江、吉安五府都是當時主要產茶地；清代，「我國產茶之地，惟江蘇、安徽、江西、浙江、福建、四川、兩湖、雲、貴為最」[175]，清中期後江西市場上以河紅和婺綠最為知名，尤其是紅茶製作的成功，產銷旺盛，在國內國際市場上都贏得崇高聲譽，大量出口，直至民國年間。「本省素以茶產著稱，而尤以紅茶為大宗，其產於修水、武寧、銅鼓者為寧紅，鉛山、上饒等縣者則為河紅，浮梁及皖省之祁門、建德三縣所產者則為祁紅，色澤香味均極鮮美，不特非國內各種紅茶所能及，即在國際市場亦久已馳名，佔有優越地位，每年所產，悉數裝箱出口，運銷歐美已有六七十年之歷史，鼎盛時期，每年出口嘗超五十萬箱之

173 （唐）李吉甫：《元和郡縣志》卷二十九《江南道‧饒州‧浮梁》，《文淵閣四庫全書》本。

174 許懷林：《江西史稿》，江西高校出版社，1993 年版，第 283 頁。

175 （清）趙爾巽：《清史稿》卷一二三《食貨志五‧茶法》。

多」[176]。以產茶著名的鉛山縣，早在乾隆年間，該縣河口鎮有茶行四十八家，茶行前店後坊，既從事茶葉加工，又進行茶葉銷售，「商家買辦，每年不下百萬斤」，擁有巨額資本的茶行，有饒、呂、郭、莊四家。以河口鎮為中心的廣信府上饒、玉山、廣豐、鉛山四縣，直到晚清茶葉貿易依然繁盛，「上（饒）、玉（山）、廣（豐）、鉛（山）四縣產茶，向以河紅玉綠著稱，位於本省東北境，與閩、浙山地毗連，仙霞山脈為自然疆界，……人口約九十萬，大多業農。植茶歷史已甚悠久，尤以清季年間為盛。當時鉛山縣屬之河口鎮，茶商廠號林立，不下四十家，一時稱盛」[177]。修水縣，「面積共計一萬三千四百〇四方里，而產茶面積已有十四萬三千畝，是以全縣諸鄉，悉為茶區，居民十之八九以種茶為業，而一般人民生活之安定與否，以及工商業之榮枯，悉視茶業盛衰為轉移。……迄至前清光緒三十年間，該縣茶業鼎盛之際，寧茶聲望且在祁茶之上，每年紅茶輸出恆逾二十萬箱」[178]。晚清修水漫江一帶，茶莊商號，不下百家。此外，建昌府、撫州府、袁州府、南昌府等府縣亦有不少茶葉出產和銷售。如建昌府南豐縣，「山多產茶，香味略減於閩，必運入閩茶

176 《皖贛紅茶運銷委員會設立之經過及其成績》，《經濟旬刊》第 7 卷第 134 期。

177 《上玉廣鉛四縣茶業調查》，《江西貿易》1940 年創刊號。

178 上官俅：《江西修水縣之茶業》，《工商通訊》第 1 卷第 20 期（1937 年）。

聚處售之」**179**；撫州府東鄉縣，「以茶為利，東北皆產之，而潤陂獨多，黃石獨佳，肩販者攜赴他處，加選制，往往得善價」**180**。晚清漢口是茶業出口之地，光緒十二年（1886）四月，茶葉公所六幫茶商認為同外國洋行的紅茶交易，過磅必須持平，方免爭執。這六幫茶商即為：廣東、山西、湖南、湖北、江西和江南六省商人。**181**

五、糧食業

兩宋以來，隨著江西人口的增長、耕地面積的擴大、水利設施的興修及農業生產技術的進步，江西成為全國主要的水稻產地，也是大米的重要輸出省份。北宋熙寧年間，江西的漕糧為一百二十萬擔，還不包括饒州、信州、江州和南康軍的數額；南宋紹興年間，「惟本朝東南歲槽米六百萬石，以此知本朝取米於東南者為多。然以今日計，諸路共六百萬石，而江西居三分之一，則江西所出尤為多」**182**。

明清時代，江西仍是大米的主要產區和商品糧產地，對不少糧食缺乏的省份尤其是臨近的江蘇、浙江等人口稠密之地而言，

---

179 同治《南豐縣志》卷九《物產》。

180 同治《東鄉縣志》卷八《土產》。

181 彭澤益：《中國工商行會史料集》上冊，中華書局，1995 年版，第611 頁。

182 （宋）吳曾：《能改齋漫錄》卷一三《唐宋運槽米數》，上海古籍出版社，1979 年版。

江西糧食的輸入有著特別重要的意義。如明時南京,「金陵百年
來穀價雖翔貴,至二兩或一兩五六錢,然不逾數時,米價輒漸
平。從未有若西北之斗米數百錢,而饑饉連歲,至齧木皮、草
根、砂石以為糧者。則以倉庾之積貯猶富,而舟楫之搬運猶易
也。惟倉庾不發,而湖廣、江西亦荒,米客不時至,則穀價驟
踴,而人情嗷嗷矣」[183];清代江浙一帶仍需要大量江西等地的
糧食輸入,康熙五十五年,李煦奏疏稱,「蘇州八月初旬,湖
廣、江西客米未到,米價一時偶貴,後即陸續運至,價值復
平」[184]。乾隆也曾說,「浙西一帶地方,所產之米,不足供本地
食米之半,全藉江西、湖廣客販米船,由蘇州一路接濟……向來
情形如此」[185]。浙江常山等地,若沒有臨近的江西玉山等地的
糧食接濟,「則終歲饑饉者十家而七矣」[186]。清代江西糧食除完
成稅糧、漕糧、口糧之外,還有大量運銷江、浙、閩、粵等臨近
省,雍正年間,「廣東之米取給於廣西、江西、湖廣,而江浙之
米皆取給於江西、湖廣」[187]。據陳支平先生研究,清代江西省
每年運銷江、浙、閩、粵四省的糧食總量大致在一千萬石。清代
南安、贛州兩府及寧都直隸州則為江西的重要產糧區。如興國

183 (明)顧起雲:《客座贅語》卷二《議糴》,中華書局,1987 年版點
　　校本,第 56 頁。

184 《李煦奏摺》,康熙五十五年九月十六日《蘇州米價並進晴雨折》。

185 《清高宗實錄》卷三〇四,「乾隆十三年(1748)五月乙酉」條。

186 (明)王士性:《廣志繹》卷四《江南諸省・浙江》。

187 《雍正朱批諭旨》雍正四年(1726)七月初二十日。

縣，「產穀頗饒……一遇儉歲，轉運出境者絡繹不絕」[188]。糧食大量運銷閩粵及贛北，贛南的米主要是逆章、貢二水到達瑞金，首先供應瑞金民食，然後翻過山嶺，運達福建汀州府境，接濟這一帶民食，另一部分再改水運，順鄞江下達廣東嘉應州及潮州一帶。「南、贛二府……向有潮州及附近汀、贛各府民人挑負米穀豆菽赴平遠易鹽過嶺，在各鄉分賣」[189]；福建長汀，「歲只一熟無兩收也，米穀豆麥出產無多，不敷需求，須籍寧瑞挑運源源接濟」[190]，「惟糧仰給於江右之贛寧」[191]。福建上杭，江西人販米銷售者更多，「查未行禁以前，每日江販來米八九擔。……江販之米日運至下壩、羅塘、新埔一帶河道直達嘉大埔，每日千擔或數百擔不等」[192]。此外，江西商人除販運本家鄉的糧食以外銷外，湖南、湖北產糧區也是其經常出入經營之地，乾隆五十年（1785），「楚省商船過境，已有一千三百餘隻，從江西販去穀米，約有數十萬石」[193]，江西糧商船隊規模之大、運米數量之多令人驚歎。

188　道光《興國縣志》卷一一《風俗》。

189　《雍正朱批諭旨》雍正七年（1729）九月初七日。

190　道光《長汀縣志》卷一八《實業》。

191　道光《長汀縣志》卷三〇《風俗》。

192　道光《上杭縣志》卷三六《雜錄》。

193　《清高宗實錄》卷一二三八，「乾隆五十年九月戊午」條。

六、木材業

　　江西自然生態環境優越，境內雨量充足，森林覆蓋率高，是中國古代重要的木材生產基地。隋唐兩宋以來，江西木材外銷已是商業貿易的一大項目。明清時代，江西各府縣多出產木材，而其中尤以南安、贛州二府為最，「南贛地方，田地山場坐落開曠，禾稻竹木生殖頗蕃，利之所在，人所共趨。吉安等府各縣人民年常前來謀求生理，結黨成群，日新月盛。其搬運谷石，砍伐竹木，及種靛栽杉、燒炭鋸板等項，所在有之」[194]。吉安等府縣的流民常年來此砍伐竹木，有的還在這裡裁木鋸板，然後將木料或板才順水道轉賣他省。明代吉安府商人所創計算木材體積的「龍泉木碼法」，傳播至湖南、湖北、安徽、江蘇、浙江等省，成為木材商界普遍遵用的方法，並一直沿用至新中國成立。清代木材貿易仍以贛南為盛。如贛縣，「竹木之利，甲於江南，萬金之賈僅惟是爾」[195]；龍南杉木「鄉人出厚貨販運江南，歲獲倍息，春月沿江遍岸，排比聯屬，邑之利賴以此為最」[196]；及至民國，江西「杉木出產以贛南各縣為最，其他贛東西北各縣雖有出產，然為量不及贛南各縣甚遠」，通計贛南有贛縣、信奉縣等十四個縣盛產杉木。正是由於大量木材外運，贛南形成了七里

---

194 （明）周用：《乞專官分守地方疏》，見雍正《江西通志》卷一一七《藝文》，《文淵閣四庫全書》本。

195 乾隆《贛縣志》卷七《物產》。

196 光緒《龍南縣志》卷二《物產》。

鎮、唐江這兩個大的木材集散地和市鎮。江西商人經營木材，多以吳城為木材集散地，贛江、修水、撫河等流域的木材，做成小排，順江而下，彙集吳城，然後在此重紮大筏，出湖口，入長江，運銷至蘇州、揚州、南京及上海等地。省內經營木材的商人主要為臨清幫（臨江府清江縣，今樟樹市）、龍南幫和洪都幫（南昌），其中以臨清幫為首，「排木商豪，富甲諸賈」，「厚利生涯問木商，今年價較去年昂。近鄉半是臨江客，隔段蕭灘水一方」，民國中期，臨清幫木材運銷量占全省的百分之八十四。[197]

此外，江西商人在外經營木材者也不在少數，如在湖南，地處湘、黔、桂三省邊境洪江，山深林茂，清後期號稱當時全國第二大木材產區，木材交易歷為當地商業之大宗，「歷來木商唯徽客貲本豐厚，江西次之，本省又次之」[198]，晚清非三幫（徽州幫、臨江幫、山西幫）五鄉（托口原神鄉、冷水碧湧鄉、晃州六裡鄉、大龍金質鄉、天柱注潭鄉）人不得進山伐木。民國年間禁令被廢，幫口多而雜，以花幫（湖北大冶）、西幫（江西）、漢幫（漢口）占大頭。[199]

---

197 清江縣志編纂委員會編：《清江縣志》，上海古籍出版社，1989 年版，第 95 頁。

198 《皇朝政典類纂》卷八七，引駱秉璋《駱文忠奏議》卷一四。

199 湖南省商業廳商業志編寫組印：《洪江木材業》，《湖南商業志資料彙編之三：主要行業沿革》，1983 年內部資料。

七、煙草業

煙草原產呂宋，明代萬曆年間由日本傳至中國福建漳州的石馬及建寧，隨後由此迅速擴散到整個福建及全國各地。江西最早種植煙草，當在明晚期的天啟、崇禎年間。[200]清代江西煙草種植以贛東北和贛南較為普遍。煙草是贛東北種植廣泛、加工業也發展得較好的經濟作物。乾隆時期，廣豐縣已成為浦城的一個煙葉供應地，乾隆《廣信府志·物產》記載：「浦（城）出名煙而葉實有借於（廣）豐。」由廣豐而推廣到上饒：「煙，本名淡巴菰，向惟盛於廣豐，今農亦有種者。」[201]而清代中期，玉山縣則已成為著名的煙草加工區：「夫淡巴菰之名，著於永中，其制之精妙，則色香味莫與玉比，日傭數千人以治其事，而聲馳大江南北。」[202]以贛東北相比較，清代贛南煙草種植加工更為普遍。贛南煙草引種於福建，乾隆《石城縣志》載，「煙草，明末自海外流傳閩漳，故漳煙名最遠播。石於閩接壤，故其品亦佳」[203]。煙草傳入贛南後，由於土性特別適合栽種，發展迅猛，「各縣皆種」[204]，贛南形成了一個規模不小的煙草種植區。有些地方，如瑞金縣種煙規模很大，康熙年間，「或稱膏腴之田畝，半為煙

---

200 李曉方：《清代贛南煙草生產的迅猛發展及其原因探析》，《贛南師範學院學報》2005 年第 5 期。

201 道光《上饒縣志》卷一二《土產》。

202 道光《玉山縣志》卷一二《土產》。

203 乾隆《石城縣志》卷一《物產》。

204 光緒《江西通志》卷四九《物產》。

土，半為稻場」²⁰⁵，清後期，該縣「遂無地不種，無人不食，竟為日用必需之物，利與鹽茶等矣」²⁰⁶。清代贛南各縣志對煙草的種植和販運銷售都有大量的記載，如大庾縣，「種穀之田半為種煙之地，糧食安得不少而日貴乎？」²⁰⁷安遠縣，「由於嗜利，小民棄本業而鶩之」²⁰⁸。由於種煙利潤較高，使得贛南各縣種煙之風彌漫，直接衝擊了當地的糧食生產，引起了廣泛的爭議，「議者謂奪稼穡之地，以種煙則產穀無幾，又聚千百銼煙之人以耗穀食，則穀價日湧，為害滋甚。不知瑞邑山多田少，一邑所產之穀，原不足以供一邑之食，故事仰給下流之米，賣煙得錢即可易米。而銼煙之人即生財之眾，非遊手冗食者比。地方繁富，則商販群集，又何憂其坐耗易盡之穀乎？且每歲青黃不接，民用空乏，人見煙草在田，有無可以相通，最為生活計也」²⁰⁹。

　　在江西從事煙葉加工貿易的，擁有雄厚貨財的多是福建、廣東人，康熙《贛州府志‧風俗》記載：「近多閩廣僑戶，栽煙牟利，頗奪南畝之膏。」如在瑞金，「至城郭鄉村，開到煙廠不下數百處，每廠五六十人，皆自閩粵來」²¹⁰；「自閩廣流寓於瑞，

---

205 康熙《瑞金縣志》卷四《物產》。
206 光緒《瑞金縣志》卷二《物產》。
207 乾隆《大庾縣志》卷四《物產》。
208 乾隆《安遠縣志》卷一《物產》。
209 道光《瑞金縣志》卷二《物產》。
210 謝重撥：《禁煙議》，見康熙《瑞金縣志》卷八《藝文》。

蒔煙為生，往往徒手起家，驟擁雄貲」[211]。江西商人也不在少數，同治《興國縣志》載，「興邑種煙甚廣，以縣北五里亭所產最快，秋後，吉郡商販躦至，利視稼圃反厚」。道光《玉山縣志》載，「閩人多商，徽人多賈，撫（州）、建（昌）之來玉者，亦多側身商賈間，以起其家」。可見，吉安、撫州、建昌亦有不少從事煙草經營的商賈。

八、藍靛等業

藍靛是藍草的加工物，可作染料用。明清時代，隨著棉麻紡織品的發展，對染料的需求劇增，對藍靛的種植經營成為江西不少地方商民的重要生計來源。明清時代，江西各地藍靛種植很普遍。《泰和縣志》載，「本縣土產藍草，長尺四五寸，故其為靛，色雖淡而價甚高，由於土人少種故也。成化末，有自福汀販買藍子至者，於是洲居之民，皆得而種之，不數年，藍靛之出，與汀州無異，商販亦皆集焉」[212]。

藍靛的種植以山區為多，贛西北山區明末種植藍靛等經濟作物不在少數，「平山填塹掘墳墓，種芋刈藍其利薄」。來此地多是外省的福建、廣東人和樂安人，「在昔閩人、樂安人相率薙草開山插藍種芋……今客民已鳥獸散，土著之民拙且惰，甯棄置不

211 康熙《瑞金縣志》卷四《物產》。
212 光緒《泰和縣志》卷一一《食貨志·土產》。

毛」²¹³。康熙中期以後，復入的客家人在萬載、宜春等縣種植苧麻和藍靛。但是明末數十萬人種植苧麻、藍靛的狀況則不復重現。到清代中期，藍靛擴展到贛西北各縣。如義寧州，「藍，三種……寧所種槐藍也。種宜近山之田」²¹⁴。萍鄉、銅鼓、分宜等縣也大體類似。如道光《萬載縣志・物產》記載：「靛，以藍葉漬和石灰澄瀝而成，各鄉皆出。」贛南山區明後期種藍的狀況，嘉靖初年官吏周用存其所寫《乞專官分守地方疏》中描寫進入此地的移民，「搬運谷石，砍伐竹木，及種靛栽杉、燒炭鋸板等項，所在有之」²¹⁵。到明後期，贛南成為一個靛業的著名產區，產品已遠銷西北。天啟《贛州府志・土產》記載：「（贛州）城南人種藍作靛，西北大賈歲一至，汎舟而下，州人頗食其利。」²¹⁶《明穆宗實錄》卷二六曾記載那時的贛南：「江西萬洋山跨連湖廣、福建、廣東之地，舊稱盜藪，而各省商民亦嘗流聚其間，以種藍為業。」²¹⁷清代，藍靛仍為贛南的一大出產，在贛縣、興國等縣的山谷間仍多有種植，道光《興國縣志》載，「邑產除油、煙外，藍利頗饒」。藍靛也是清前期進入贛東北山區開墾的移民廣為種植的經濟作物，乾隆《懷玉山志》載，「地成片

---

213 康熙《萬載縣志》卷三《物產》。

214 道光《義寧州志》卷一二《土產》。

215 周用《乞專官分守地方疏》，見雍正《江西通志》卷一一七《藝文》，《文淵閣四庫全書》本。

216 天啟《贛州府志》卷三《輿地志三・土產》。

217 《明穆宗實錄》卷二六，「隆慶二年十一月乙卯」條。

段者栽藍，其零星畸哀者，各植雜豆、煙草、葡萄等物」。在江西從事販賣的藍靛的商人，以外省居多，主要是廣東、福建及西北商人，省內以吉安、撫州商人為多。

除了上數這些主要物產，江西商人經營販賣的地方特產還有不少，如油茶、油桐、漆樹等經濟林木，《贛州府志》記載：「茶桐二油，惟贛產佳，每歲賈人販之他省，不可勝計。」[218]花卉，「蘭花出閩中者為最，其次莫如贛，種類不一，四季皆花，為江淮所重，舟載下流者甚多，贛人以此獲利」[219]；「茉莉花，贛產最盛，有專業者，圃中以千萬計，舟載以達江淮，歲食其利」[220]；花生，「邑境西沙土所種，勝於他處，稱西河花生，販運亦廣」[221]。

此外，日常需用之物抑或商業利潤豐厚的產業，也有不少江西商人經營，如藥業、鹽業、雜貨業、礦冶業、錢業、典質業等。

九、藥業

江西商人中經營藥業者多是臨江府清江縣人，此地經營藥業聞名離不開明代以來藥都樟樹的興起。樟樹鎮藥材經營歷史悠

---

218 乾隆《贛州府志》卷二《物產》。
219 乾隆《贛州府志》卷二《物產》。
220 乾隆《贛州府志》卷二《物產》
221 道光《龍南縣志》卷二《物產》。

久，東漢著名道家人物葛玄在鎮東南閣皂山採藥煉丹，為樟樹藥業之始。至唐代，樟樹藥市初具規模。宋代，樟樹鎮已經稱盛，藥市更趨繁榮。明代藥業極為繁盛，有「藥不到樟樹不齊，藥不過樟樹不靈」的聲望。川廣藥商「百里環至、摩肩於徒」，集於此地，樟樹遂有「藥碼頭」之號，馳名朝野。明人熊化在《樟樹鎮記》記載：「鎮於邑治股肱也，以奉腹則嚨喉也。地當水陸之沖，舟車所過抵，貨賄灌輸，通八省之利。……列肆多食貨，若杉樹藥材、被服械器，諸為閩用者，肩摩於途；皂礬、赤朱、縶巾大布，走東南諸郡。」**222** 遍游諸省的王士性看到：「樟樹鎮在豐城、清江之間，煙火數萬家，江廣百貨往來，與南北藥材所聚，足稱雄鎮。」**223**

在樟樹鎮興起的過程中，藥業經營不可或缺。據傳樟樹鎮全盛時，有藥材行、號、店、莊近二百家，其中本地藥商開設的有一百數十家，外地藥商以河南、安徽人為主經營的有約五十家。道光初年，樟樹鎮人口一萬三千一百六十三口，從事藥業的人員約占全鎮總人口的百分之三十以上。清江人從事藥業不僅坐鎮經營，而且遠走他鄉，「清江有樟樹鎮，自宋元時以藥市稱四方，產藥必聚，環鎮而居多從賈，賈必以藥，楚、粵、滇、黔、吳、越、豫、蜀凡為藥者，多清江人也」**224**。樟樹藥商先是輾轉千

222 《地方文存》，見清江縣志編纂委員會編：《清江縣志》，上海古籍出版社，1989年版，第546頁。

223 （明）王士性：《廣志繹》卷四《江南諸省》。

224 （清）錢時雍：《陳佑達傳》，《錢寄圃文集》，乾隆刻本。

里，深入產地從事藥材販運，後來坐地經營，向湖南、湖北、四川、廣東、廣西、貴州、雲南、河南、山西、陝西、河北、遼寧等產藥地區和交通要埠作輻射性發展，設置行、莊、店、號，形成全國規模的「樟樹藥業網」。湖南湘潭、湖北漢口、四川重慶，是樟樹藥商早期的三大中心據點，幾乎擁有湘贛兩省的全部藥材行、店。[225]而且清江人在經營藥業的過程中通過血緣和地緣關係密切聯繫，相互提攜、扶持、合作，形成比較穩固的商業幫派，對外號稱「樟樹幫」、「臨江幫」或「臨豐幫」，勢力非常強大，經常可以左右某地的藥材市場，如湖南湘潭，清江商人控制本地藥材市場，縣志便有「臨江擅藥材，歲可八百萬」[226]記載。另外在湖南、湖北、貴州等不少地方出現了家傳數代的老字號藥店，如道光年間在湖南岳陽開設的「嚴萬順藥店」，傳五代歷一百二十餘年；乾隆四十五年（1780）在湖南常德的「聶振茂藥號」，歷時一百七十餘載，該店咸同年間先後在江西樟樹、湖北漢口、湖南湘潭等主要藥材集散地開設「茂記」藥號，並在廣州、重慶、寧波、營口、祁州、禹州等藥材主要產區設置專莊，年銷售總額達一百多萬銀元，可獲純利二十多萬銀元，僅常德一地店員就達一百二十餘人[227]。

225 《藥都藥業》，見清江縣志編纂委員會編：《清江縣志》，上海古籍出版社，1989 年版，第 187 頁。

226 光緒《湘潭縣志》卷一一《貨殖》。

227 聶慶鈞：《聶振茂藥號的興衰歷程》，《常德文史資料》第 2 輯，作者為聶振茂藥號創業始祖第七代後裔，曾任聶振茂藥號董事會董事。

十、鹽業

　　食鹽是特殊的商品，因人皆食用，且每日必須，利潤極厚，所以歷來被官府壟斷，視為財政收入的重要來源。 明清時代，江西食鹽主要來自外省，尤以淮鹽為多。《明史・食貨志》載：「江西故行淮鹽三十九萬引，後南安、贛州、吉安改行廣鹽，惟南昌諸府行淮鹽二十七萬引。既而私鹽盛行，袁州、臨江、瑞州則私食廣鹽，撫州、建昌私食福鹽。於是淮鹽僅行十六萬引。數年之間，國計大絀。巡撫馬森疏其害，請於峽江縣建橋設關，扼閩、廣要津，盡復淮鹽額，稍增至四十七萬引。未久橋毀，增額二十萬引復除矣。」[228]食鹽的高利潤刺激了私販，這些私販食鹽者中，江西商人肯定不少。而省外江西商人從事私鹽販賣亦有人在，明成化二年（1466）三月，福建都司經歷王儀上疏指出，江西等地客商長年在外，娶妻生子，輾轉串賣真偽鹽引，冒支官鹽，奸盜作偽，無所不為。清道光二年（1822），兩江總督孫玉庭奏稱，江蘇、安徽等地所緝獲的沿江販賣私鹽者，多為江西人。[229]清代湖南各地方商業幫派中，江西鹽商勢力較大，「湖南有以因籍為幫者，如鹽商有南幫（江南鹽商曰南幫）、西幫（江西鹽商曰西幫）、北幫（湖北鹽商曰北幫）、本幫（本省鹽商曰本幫）」[230]。

228　（清）張廷玉等：《明史》卷八〇，志第五六，《食貨四・鹽法》。

229　方志遠：《江右商幫》，中華書局，2000 年版，第 45 頁。

230　《湖南商事習慣報告書・會館》，彭澤益：《中國工商行會史料集》上冊，中華書局，1995 年版，第 115 頁。

在外經營鹽業的江西商中有官商化的現象，同治《臨川縣志》記載的臨川商人李宜民、李秉裁叔侄是典型代表。商人李宜民起初因經商不利，前往桂林，傭書自給，逐漸積累財富，此後在廣西太平土司一帶從事食鹽販運活動，並助官府運賣食鹽發家致富。「雍正年間，大府議兩廣鹽法，裁商罷歸官，所在置糶運。有司以宜民誠愨練達，令其勾當。……既而桂林、柳州、潯州、太平、鎮安諸鹽稟悉任之。乾隆戊寅（三十三年），大府覆議罷官銷，集商運，無敢應者。粵商率其眾請於大府曰：『非宜民不可。』宜民乃規畫公利，歲發巨舶百餘艘，瀕海出灘峽，水風宴如，運日濟。大府尋議加引，諸商畏縮，皆謝去。（宜民）遂獨任焉。而鹺務日見起色，家益日饒。」[231]後李宜民侄李秉裁亦赴粵，宜民令其「督梧州鹽埠，刷弊杜私，深賴其力」[232]。道光年間，豐城縣商人盛朝瀾則因在廣東經營鹽業致富，捐貲議敘廣東鹽課司提舉。[233]在這些鹽商中，以權謀私，從中漁利者亦有人在。同治三年（1864），有人揭發江西督銷鹽引委員、廣西候補道程桓生「把持鹽務，借督銷之勢，使其父程穎芝，於安徽省城開設合和鹽行，其弟江西候補知縣程朴生，於饒州開設泰和鹽行。名為督銷鹽引，實則利歸於己」[234]。此外，貴陽老字

231 同治《臨川縣志》卷四六《善士》。

232 同治《臨川縣志》卷四六《善士》。

233 道光《豐城縣志》卷一七《善士》。

234 《清穆宗實錄》卷一一五，「同治三年（1864年）九月辛亥」條。

號「永隆裕鹽號」便是清康熙年間撫州臨川人所創設，它是貴州從明初建省五百多年來，規模最大，資金最多，影響也很大的商號。[235]

十一、雜貨業

「肆陳列百物以待售者，飲食服用之所需，無論貧富皆有所宜，曰雜貨店，亦曰一料店。大抵以僻左之村鎮為多。」[236]雜貨貧富皆有所需，故而無論大小市鎮均有雜貨店開設。又因雜貨行業不需雄厚資本，投資少，週期短，流轉快，這種行業特徵對以小本起家的江西商人來說，尤其適合。方志遠先生認為，「江西商人的滲透力強，也與經營此業有很大關係。……事實上，在整個明清時期，除了一些資本較大的商人外，大部分江西商人的專業化並不明顯，他們挾小本，收微貨，走州過府，隨收隨賣，操業甚雜，只要有微利可圖之物，皆可成為江西商人經銷的商品」[237]。明代的張瀚曾說，江西「人無積聚，質勤苦而多貧，多設智巧，挾技藝以經營四方，至老死不歸」[238]。從事雜貨行業的江西商人中，以建昌、撫州、吉安等府縣的商人為多。從經

235 華樹人：《永隆裕鹽號述略》，《貴陽文史資料選輯》第 36 輯，《貴陽老字號專輯》。

236 （清）徐珂：《清稗類鈔》，《農商類・雜貨店》，中華書局，2010 年版。

237 方志遠：《江右商幫》，中華書局，2000 年版，第 49 頁。

238 （明）張瀚：《松窗夢語》卷四《商賈紀》。

營地域上來說，主要集中在西南地區，王士性《廣志繹》云：「滇雲地曠人稀，非江右商賈僑居之，則不成其地。」實際上，兩湖、兩廣與滇雲類似。如湖南，長沙雜貨業，江西商人經營者眾多，而且影響較大，民國時期尤為如此，如吳大茂開設的蘇廣洋貨號，「獲利倍蓰，於是繼而起者數十家」；澧州石門縣地處湖南北部民風淳樸，「地近蠻獠，壤狹而逼，人性淳樸，俗尚簡約，多耕種，薄商賈，……城市肆店貿易多江右人，其鹽鐵及雜貨多取給於津市」[239]。醴陵縣東與江西萍鄉接壤，在與贛省頻繁的商業交往中，市場上出現本幫和西幫之分，本幫即為湖南本省商人，西幫即為江西商人。清末民國除紅茶、夏布、土瓷、豆腐外，餘如藥材、南貨、糕點、豆豉、雜貨、銀樓、布匹、錢莊、典當等各業，均屬西幫。[240]再如廣東，據統計，一九四八年廣東南雄十家最大的洋貨布疋雜貨店，除豐和祥是南雄人開的外，其餘九家，屬江西人經營的五家，廣府人經營的三家，嘉應州人經營的一家。

十二、錢業

「銀錢貿易，業冠百行」，作為金融市場的主要載體，錢業在商業中佔有重要地位。「蓋錢行一業，所為弁冕群商者，匪特

---

239 同治《石門縣志》卷一《風俗》。
240 湖南省商業廳編：《湖南省商業專志》，1986 年內部發行，第 587 頁。

造物盈虛之用愈演而愈繁，抑亦生人福祿之源可大可久也」**241**，因而錢業的興衰多被看做是一時商業涼熱的風向標。明清時代，錢莊發展迅速，各地域商人中，山西人以經營錢業聞名，而江西商人中開設錢莊者也有不少。省內以九江為例，晚清九江錢莊有十餘家，分為南幫、徽幫和本幫（九江本地）三幫，各幫以南幫勢力最盛，占錢界之第一位，後增加一廣幫。民國二十年（1931）九江錢業為保證利益及互助起見，組織錢業同業工會，加入者共計二十五家，其中南幫十三家，廣幫五家，徽幫三家，本幫四家。**242**

　　省外以湖南為例，「湖南有以因籍為幫者，如鹽商有南幫（江南鹽商曰南幫）、西幫（江西鹽商曰西幫）、北幫（湖北鹽商曰北幫）、本幫（本省鹽商曰本幫）；……錢莊有西幫（江西）、蘇幫（江蘇）、本幫（本省）」**243**。錢業中江西商人甚至具有舉足輕重的影響，「湖南之錢莊，素有本（地）幫、（江）西幫之稱，原最初在湘開設莊號者，多為贛籍人士」，咸豐六年（1856），湖南巡撫駱秉章奏稱：「湘省昔時（太平天國運動前）

---

241 《錢店公議條規》，彭澤益：《中國工商行會史料集》上冊，中華書局，1995 年版，第 233-237 頁。

242 江西省社會科學院歷史研究所、江西省圖書館選編：《江西近代貿易史資料》，江西人民出版社，1987 年版，第 94 頁。

243 《湖南商事習慣報告書·會館》，彭澤益：《中國工商行會史料集》上冊，中華書局，1995 年版，第 115 頁。

營銀錢號者，多係江西人民。」**244**由此可知，咸豐以前即有錢號，而且此業中以江西商人為主體。太平天國戰亂平息後，湖南錢業急速復蘇，「頗稱興盛，其營業或發市票或鑄鉛絲銀，獲利者巨萬」。在利潤的驅使下，地域商人相互牽引，商幫組織迅速成長，「原最初在湘開設莊號者，多為贛籍人士，嗣後錢業既盛，獲利頗豐，本省人士亦接踵而起，與贛人爭衡，於是遂有江西人經營者為西幫，湖南人經營者為本幫，以示區別」**245**。直到民國時期，江西商人經營錢莊仍能左右長沙錢業。民國中期，長沙錢業四大錢莊「春茂」、「謙和」、「裕順長」、「萬裕隆」號稱「四大金剛」。除「裕順長」的大股東為湖南人外，其他三家都是江西人開設的；可見江西人在長沙商界的實力。二十世紀三十年代前期，湖南錢莊中資本及公積金在二萬元以上的二十二家錢莊中，湖南籍的十家，江西籍的九家，三家不詳。民國二十二年（1933），二十二家錢莊資本及公積金總數為 1011600 元，其中明確為江西籍的九家資本及公積金總數為 529600 元，約占 52.4%；民國二十三年（1934）資本和公積金增至 1151200 元，江西籍增至 621000 元，約占 53%；全年納稅額按照資本及公積金的 1% 抽取，江西幫所占比例不變。因此，可以說二十世紀三十年代前期，湖南的金融業江西、湖南兩幫半分天下。

244 胡邁：《湖南之金融》第 3 章，《湖南之錢業》、序言。
245 胡邁：《湖南之金融》第 3 章，《湖南之錢業》、第二目、湖南錢莊的種類。

十三、典質業

明清時代，城鄉商品經濟的繁榮，為典當的發展奠定了堅實基礎，民間典質之風盛行。「典質業者，以物質錢之所也。最大者曰典，次曰質，又次曰押。典、質之性質略相等，贖期較長，取息較少，押則反是。」[246]典當有其積極作用，清宣宗道光二年（1822）十一月在一道諭旨中，朝廷對民間質押小鋪的作用給予首肯：「民間典質稱貸，有無相通，事所常有。江西省所屬，向有殷實之家，於青黃不接之時，將餘穀聽農民質押，以有餘補不足，沿行已久，貧富相安。」[247]諭旨中以江西為例，顯然，江西殷實之家從事此行業者較多。清雍乾年間，江西按察使凌燾，曾頒布《示當鋪》要求各處當鋪守法經營，讓利於民。告示云：「為曉諭事。照得典鋪酌讓利息，原經本司會議，除行息仍照舊二分外，如有當物期滿一年取贖者，讓利一月；二年取贖者，讓利二月。久經頒示飭遵在案。茲屆歲暮，民間典取倍於平時，誠恐法久禁弛，合再通示曉諭，仰典商人等知悉，務遵詳定成規，期滿一年，讓利一月，二年讓利二月，戥頭水銀務要出入一例，毋得恣意苛剝。至於鄉民遠來取贖，尤宜隨時給發，不得任意刁掯。倘或視為故套，不遵勸諭，一經訪出，法在必究。慎之毋

---

246 （清）徐珂：《清稗類鈔》，《農商類・典質業》，中華書局，2010 年版。

247 《清宣宗實錄》卷四五，「道光二年（1822 年）十一月壬辰」條。

忽。」[248]

　　江西人在外也頻繁從事承典放貸活動，尤以湖廣、雲、貴、川等地較多。當地百姓向江西商借貸多以田產、農作物作為抵押。明成化年間，雲南「有浙江、江西等布政司安福、龍游等縣商人等，不下三五萬人，在衛府座理，遍處城市、鄉村、屯堡安歇，生放錢債，利上生利，收債米穀，賤買貴賣，娶妻生子，置奴僕，二三十年不回原籍」[249]。湖南的江西商人也有類似做法，龍山縣江西商人較多，每年桐樹開花之時，多是桐戶青黃不接之日，富有的贛商趁機向貧困的桐戶預購桐油，桐戶「預領油價，言定油若干斤，錢若干千，價亦無一定。自四月至八九月多少為差，十月兌油，或兌桐籽，如期不得誤，而權子母者，遂舉倍稱息」[250]。江西商人的這種做法，令不少當地的士大夫極為不滿，河南鄧州當地士大夫認為江西商人進行承典放貸的活動，對當地社會生產造成了危害，「吾鄉（鄧州）……善農而不善賈。惟不善賈，而四方之賈人歸焉。西江來者尤眾。……方春之初，則曉於眾曰：『吾有新麥之錢，用者於我乎取之』；方夏之初，則白於市曰：『吾有新穀之錢，乏者於我乎取之』。凡地之所種者，賈人莫不預時而散息錢，其為利也，不啻倍蓰……一有婚喪慶會

248　（清）淩燽：《西江視臬紀事》卷三《條教：示當鋪》。

249　《皇明條法事類纂》卷一二《雲南按察司查究江西等處客人朵住地方等事例》，古典研究會，1966年版。

250　嘉慶《龍山縣志》卷七《風俗》。

之用，輒因其便而取之。逮夫西成，未及入囷，賈人已如數而斂之，由是終歲勤勤，其為所獲者，盡為賈人所有矣」[251]。

十四、礦冶業

明清時代，礦冶業得到很大發展，江西商人中遠走他鄉經營礦業者人數眾多。據方志遠先生的分析，江西商人經營礦業，主要表現為兩種方式，一是直接投資於礦冶業，從事銅、鐵等的冶煉和經營；二是收買農戶或手工業者的原料或半成品，自行設場加工、生產商品。江西商從事礦產品的開採、加工、販賣主要區域為西南礦產資源豐富的地區，如雲南、貴州、四川、湖南等地，成弘年間的《皇明條法事纂》載：「江西人民將帶絹尺、火藥等件，指以課命，前來易賣銅鐵，在彼取妻生子；費用盡絕，糾合西川糧大、雲南逃軍，潛入生拗西番帖帖山投番，取集八百餘人，稱呼『天哥』，擅立官聽，編造木牌，煎銷銀礦，偷盜牛馬宰殺。」[252]清代雲南開礦之利多為外省商人把持，光緒年間雲貴總督曾奏稱：「從前廠利豐旺，皆由三江兩湖川廣富商大賈厚利資本，來滇開採。」[253]雲南中甸各山區中富含銅、銀、金等金屬礦產，明代木氏土司在中甸開礦，為清初中甸礦業的發展奠定

251　（明）李賢：《古穰文集》卷九《吾鄉說》。轉引自韓大成《明代社會經濟初探》，人民出版社，1986 年版。

252　《皇明條法事類纂》卷二九《江西人不許往四川地交結夷人訐告私債例》，古典研究會，1966 年版。

253　光緒《續雲南通志稿》卷四五《廠員》，光緒二十七年刻本。

了基礎。清代前中期，來到「中甸的商賈和開工廠商人多數是山西、陝西、江西、河南、江蘇和四川籍的漢人」[254]。外省商人不僅在中甸大量設廠，而且處於滇藏門戶的阿墩子（今德欽一帶），也有外省商人開礦的足跡。清代，「發現茂頂礦藏，時有江西、陝西、四川各省人民相率前往開採……馬鹿廠地方發現銀礦……興工挖採。並興街設市……市面逐漸繁榮」[255]。

　　江西商人大量在外採礦冶煉等行業，又與江西人中有相關的專業技術人才出現互為因果，近人丁文江在談及宋應星《天工開物》時說：「明政不綱，學風荒陋，賢士大夫在朝者以激烈迂遠為忠鯁，在野者以性理道學為高尚，空疏頑固，君子病焉。迨乎晚季，物極而反，先覺之士舍末求本、棄虛務實，風氣一變，實開清初諸大儒之先聲。先生生於豫章，廣信之銅，景德之瓷，悉在戶庭。滇南、黔湘冶金採礦之業，又皆操於先生鄉人之手，《天工開物》之作，非偶然也。」[256]滇南、黔湘冶金採礦之業，皆操江西商人之手，可見江西商人對該行業影響之大。明代的這種盛況，延續至清代，乾隆九年（1744），江西巡撫陳宏謀在一份奏疏中說，「雲貴各省礦廠甚多，歷無廠徒生事之處，近者廣東亦復開廠，而各省礦廠，大半皆江西之人，今本省開廠，更無

254 潘發生、潘建生：《中甸經濟貿易發展史》，《迪慶方志》1992 年第 1 期。

255 （民國）黃舉安：《雲南德欽設治局社會調查報告》，見德欽縣志編纂委員會編：《德欽縣志》，雲南民族出版社，1997 年版。

256 （清）丁文江：《奉新宋長庚先生傳》，載武進陶氏編《天工開物》。

滋事之慮也」[257]。八年後，陳宏謀又說，「雲貴銅鉛銀錫等廠，工作貿易，多係江、楚之人」[258]。直至晚清民國，仍有不少江西商人在外經營礦業，如長沙府攸縣物產豐富，地下蘊藏著大量的煤鐵，具備發展冶鐵業的自然條件，清光緒三年（1877 年），江西臨川商人從袁州請來冶鐵技師，到攸縣分水坳開辦鐵廠，採用標爐煉鐵，再用土法加工成鐵餅，牌號「源遠長」，產品行銷西南各省。[259]江西的地方文獻亦有不少關於礦業商人的記載，金溪商人陳文楷曾賈四川，後「由巴入黔，開場冶鐵於桐梓、綦江間」[260]，積貲頗厚。又如新城饒大俊賈福建，大富，於沙縣設場開礦冶鐵。[261]江西本省鐵礦主要產於興國、長寧、上猶三縣，本地商人多投資開採。如乾隆中，長寧商人嚴永盛和鐘常豐各自經營冶鐵工場四座，足見其資金雄厚。嘉慶十七年，長寧商人賴趙興也曾經營鐵冶工廠一座。[262]

257　（清）陳宏謀：《請開廣信封禁山並玉山鉛礦疏》，《清經世文編》卷三四《戶政九‧屯墾》。

258　《清高宗實錄》卷四一八，「乾隆十七年（1752）七月辛未」條。

259　（清）劉伯瑛：《攸縣冶鐵歷史概況》，《攸縣文史》第 5 期。

260　同治《撫州府志》卷六八《善士》。

261　同治《建昌府志》卷八《善士》。

262　道光《贛州府志》卷三三《建置》。

第三節 ▶ 江西商幫組織及其演變

　　明清時期隨著商品經濟的發展、長途販運的興盛、國內各地區間市場聯繫的加強，使商業人口流動頻繁。商人在利潤的刺激下，千里跋涉，寄居異地，殘酷的市場競爭、土著的排斥、文化上的隔膜，迫使同籍商人「聯絡一氣」，走到一起，為了更好地和其他地域商人競爭，不少地域商人抱成一團，「以眾幫眾」。這種組織特徵在明清國內的地域商幫中，徽商與江右商表現得更為明顯。徽商在外，「遇鄉里之訟，不啻身嘗之，釀金出死力，則又以眾幫眾，無非為己身地也。近江右（商人）在外，亦多效之」[263]。自明清以降，地域商幫組織，在晚清時代劇變的背景下，也出現了分化演變，經歷了由會館向另一種跨地域商人的行業組織（包括同業公所、同業公會）及單純的同鄉組織的演變。本節以湖南的江西商幫為例，闡述江西商幫組織及其近代演變。

一、江西商幫會館及其內部管理

1. 江西商幫會館

　　江西商人在湘貨殖者多，在市場競爭與鄉族聯誼過程中逐漸產生的商幫組織，湖南的地方文獻上一般稱之為西幫或江西幫，也有少數稱之為江右商。西幫是個地域範疇，是江西人團結合作

263（清）顧炎武：《肇域志》第三冊。轉引自傅衣淩：《明代江西的工商業人口及其移動》，《明清社會經濟史論文集》，人民出版社，1982年版，第 192 頁。

一致對外的旗號，其內部因地域和行業的差別又分為若干派別，多冠以府縣名，如在長沙，西幫涵蓋吉安幫、撫州幫、臨江幫、豐幫等幫別，湘鄉江西幫分南昌、撫州、瑞州、臨江、吉安五幫。

商幫組織通過會館來體現。漂泊在外的同籍商人出於捍衛商業利益的推動，歸屬感的需要，熱衷於鄉土幫派組織會館、公所的建設。「會館、公所之設立，不外保商務謀公益之目的。夫以清國之大，南北東西，言語不同，風俗各異，且古來客商，以交通不便之故，羈留他鄉數十年而不返者，比比皆是。然人人各安其業，各得其所，非籍會館、公所以為保護，能如是乎？故有會館、公所，不獨免異地人民逼迫之苦，又鮮官吏壓制之憂，然則會館公所之利益，誠非淺鮮也。」**264**正因為會館、公所具有護商等諸多作用，使得明清商人會館建設蔚然成風。學術界一般認為，商人會館產生於明中後期，清康熙年間逐漸增多，到乾隆年間大量增多，嘉道間臻於極盛。**265**湖南的江西會館是由經商當地的江西幫建立的，與全國各地會館的肇興時間相近，此地江西商人會館亦濫觴於明代，見於方志有明確記載的至少有長沙、善化、醴陵、芷江四處，如在醴陵縣，「豫章會館，一名萬壽宮，

264 《中國經濟全書・會館及公所》，彭澤益：《中國工商行會史料集》上冊，中華書局，1995 年版，第 91 頁。

265 范金明：《清代江南會館公所的性質功能》，《清史研究》1998 年第 2期。

在西後街，明代西幫創建，清乾隆年間重修」**266**；後文所載善化縣萬壽宮，謂「明末寇亂毀於兵」，毫無疑問也是明代創建。

　　湖南的江西會館，因地域層次不同，涵蓋面大小不一，一般分為如下幾類：一是在湖南省會及重要的商業市鎮，江西幫為聯合同鄉，擴大影響，在與外幫競爭中處於有利地位，一般建有省級會館。在某些府、縣、鄉有時也因江西各幫人數不是很多，不足以單獨建立府縣會館，為壯大聲勢，故而聯合建省館，眾力共赴，置地構屋也較易成事。這在商業相對遲滯的小縣城較為常見，這也是湖南江西會館多以萬壽宮名稱出現的原因。二是省內各府商人在湘某地經商者眾，通常除了建立聯合議事的省館外，各府縣商人均有財力構建本府本縣的會館及其他產業，形成各館並立的狀態。如湘潭，光緒年間江西商人興建的會館有：萬壽宮（省館）、昭武賓館（撫州）、臨豐賓館（臨江、豐城）、安成賓館（安福）、石陽賓館（廬陵）、袁州賓館（袁州）、禾川賓館（永新）、琴川賓館（蓮花）、西昌賓館（泰和）、仁壽宮（臨江）等省館和府縣會館。**267**長沙府善化縣也是如此，江西省館萬壽宮被南昌、臨江、撫州、吉安「各郡邑館環而拱之」**268**。三是江西某府的商人在湘某地的經商者多，而他府商人相對較少或者未

266 民國《醴陵縣志》之《建置》，引自彭澤益：《中國工商行會史料集》，中華書局，1995 年版。
267 光緒《湘潭縣志》卷七《禮典、會館》。
268 同治《善化縣志》卷三一《祠廟、會館》。

曾涉足，這時此府的商人一般建省館以江西幫的形象出現，也有建府縣會館的情況，如江西臨江府商人在有些地方建仁壽宮，非臨江府的商人亦依附於此會館。

　　會館的建設與商幫的發展相輔相成。清代，在湘的江西商資財雄厚，人數劇增，憑藉著自己的勢力，他們對自己的幫派組織會館的建設不遺餘力，使得江西會館在此地遍地開花。試舉幾例：新化縣「商賈之祠，惟江西萬壽宮，祀許真君焉，舊志云萬壽宮在東門外，江西客民建」[269]。石門縣「城市肆店貿易多江右人」[270]，此地萬壽宮有兩座，「萬壽宮在縣治東，客商江右人會館；一在縣治東十五里易家渡，亦江右人會館」[271]。桑植縣江西會館在縣城東門旁，城隍廟南，規模較大，為兩進三層建築。[272]華容縣，「鐵樹宮，一名萬壽宮，江西客民建」[273]。

　　作為江西商幫組織的物質載體的萬壽宮及江西各府縣會館，其建築結構各地大同小異。同治《善化縣志》記載如下：

> 萬壽宮賜名於宋，祀許真君，實江鄉福神，而合各府官幕商賈來南崇奉以為鄉館者也。按真君江西南昌人，名遜，為晉旌陽令，棄官修道，時有蛟孽將為江患，……可謂捍災

---

269 同治《新化縣志》卷一三《祠祀》。
270 嘉慶《石門縣志》卷一八《風俗》。
271 嘉慶《石門縣志》卷二七《寺觀》。
272 同治《桑植縣志》之《縣境輿圖》。
273 光緒《華容縣志》卷三《祠廟》。

禦患有大功於斯土者。縣治西有萬壽宮由來久矣，明末寇亂毀於兵。國朝順治四年為僧占住，理於官得直，其後漸恢而大之。嘉道間歲久物敝，眾醵貲庀材大興厥工，積數年□事。地因舊址，廣袤百餘丈，高峙省垣，收衡嶽湘江之勝。中為真君殿，兩旁廊廡，前建戲樓坊表，殿后為至斯堂，鄉官宴集於斯；西為公正堂，鄉有公事集議於斯；沿舊更新費若干緡，以其餘貲增置義園於各鄉郡，附以莊田取其租，值以充歲修祭祀之貲，經營規劃垂二百年。但長沙雖首郡，商賈生計恒絀於常、澧、衡、湘。咸同年間，公務支絀，館殿椽桷不無朽壞，董事集議籌捐經費，聿煥新猷。後之來者，重念真君仙跡之所寄，及前後諸董事締造之艱難，繼繼繩繩毋墜厥緒，則真君之福祝，豈有涯哉。館之東為洪家井，南昌衣行之文昌閣，並奉軒轅神位；東南黎家坡為臨郡仁壽宮，祀蕭公附以藥王；西則撫郡之昭武館；最近則石陽、安成二館，石陽館舊有觀音堂，為吉安合郡故址，以廬陵首邑，遂繞於石陽，而鄉館峙其中；各郡邑館環而拱之，遠則不過半里，近則百數十步，地相聯情相接也。因各有助於鄉館，不可無載，並記之。**274**

創建於明代、清代數次維修的善化萬壽宮作為湖南江西會館的一般形態，其建築設置通常是中間有大殿，祀江西鄉土神靈許

附錄 1・江右商幫及其組織演變

真君；殿前有戲樓，為各大節日及真君壽辰演戲之用；殿后的至斯堂為同鄉宴會場所，公正堂則為商幫協調及處理本幫相關事務的機構場所。會館數量的多寡、規模的大小、運作的好壞與該籍商人經營活動的成敗密切相關。因善化為省治所在商業較發達，江西各府縣商人來此者人數眾多，有財力建設本府縣的會館，形成了各郡邑館環拱萬壽宮的態勢。這在湖南各府縣除湘潭等個別的地方外，是不多見的。

會館的日常維護及神靈的祭祀等各種日常經費，主要來自捐款，包括基金捐款、常年捐款和臨時捐款三種。基金捐款包括商號的上會費、會館固定產業如房屋、店鋪、田產等的租息和其他大宗款項；常年捐助由各商號繳納；如發生特別事件或舉辦慈善救濟，則臨時向各商號派捐。會館一般由董事分年管理會務（俗稱值年），也有部分由首士負責的情況。董事由選舉產生，很自然地會由幫內較有威望的富商大賈充任，負責對外聯絡交涉、處理幫內爭執糾紛、協調本幫與外幫關係、制定幫規、主持祭祀等等。董事一般不支年薪，只是每年由會館支付一定數額的車馬費。

據不完全統計，明清兩代湖南各府縣出現的僅江西會館萬壽宮就有一百〇四座，其分布狀況詳於下表；需要說明的是，這一百〇四座萬壽宮，因材料所限，可能不一定能斷言其就是江西會館，但大部分是江西商幫的組織則是沒有問題的。此外，上述統計僅以江西合省會館或者說「萬壽宮」為物件，若再加上江西各府縣商人所建標以府縣或其他名稱的會館，其數目遠遠超過此數，上文中提到同治年間，善化江西會館有萬壽宮一座，各府縣

會館卻有南昌文昌閣、臨江仁壽宮、撫州昭武館、吉安石陽館、安福安成館五座之多。儘管這些萬壽宮年代多不可考，但從本人所見的地方志資料看，有比較明確的時間或時段的：明代四所，順治一所，康熙六所，乾隆三所，嘉慶三所，咸豐一所，同治一所，光緒兩所。可以看出，江西會館清前期所建最多，這與全國各地會館的極盛時間基本吻合。

表 1-1　湖南省江西會館（萬壽宮）分佈一覽

地點	名稱	相關摘要	出處
長沙府善化縣	萬壽宮	在櫚梨市下正街原恒昌鋪內	《長沙縣文史資料》第六輯*
	萬壽宮	在十一鋪銅鋪街	同治《善化縣志》
	萬壽宮	在黃村下市，贛商公建	
	真君廟	縣南二十裡，光緒末建	
	許真君廟	嶽麓山報黃洞下，明末毀於寇亂	《古今圖書集成》
長沙府寧鄉縣	真君廟	縣南二十里，光緒年間建，有戲樓	光緒《寧鄉縣志》
	萬壽宮	黃村下市	
長沙府瀏陽縣	許祖行宮	縣治東關外	《古今圖書集成》長沙府
長沙府攸縣	萬壽宮	北城內，江西客商康熙四十六年公建，乾隆年間復修	同治《攸縣志》
長沙府酃縣	萬壽宮	在南城門	同治《酃縣志》
	萬壽宮	四都鹿莊	
	萬壽宮	東鄉十二都汋陵	
長沙府湘潭縣	萬壽宮	江西會館，一總平正街，順治七年江西客民建	光緒《湘潭縣志》

續上表

地點	名稱	相關摘要	出處
	萬壽宮	在株州市原屬湘潭一都，有江西會館	光緒《湘潭縣志》
	萬壽宮	十二都易俗河市	
	萬壽宮	十七都石潭街	
	萬壽宮	花石市正街，嘉慶二十年建，1950 年毀	《湘潭縣文史資料》第四輯*
長沙府湘鄉縣	萬壽宮	正街，豫章人張塵鳩率眾建	光緒《湘鄉縣志》
	江西會館	十九都，豫章人公建	
	萬壽宮	在永豐市，同治年間商人倡建	《雙峰文史資料》第二輯*
長沙府湘陰縣	萬壽宮	在縣城	光緒《湘陰縣圖志》
長沙府益陽縣	萬壽宮	萬壽宮有戲臺十座之多	高崎華《中國戲臺史》
長沙府汨羅縣	萬壽宮	新市鎮，汨羅十廟之一	《汨羅文史資料》第一輯*
長沙府醴陵縣	萬壽宮	豫章公館，縣志後街，明建，乾隆年間重修，光緒年間復修	民國《醴陵縣志》
	萬壽宮	治東官寮市，距城 70 里	
	萬壽宮	治東白兔潭，距城 60 里	
	萬壽宮	治東普口市，距城 45 里	
	萬壽宮	治東王仙，距城 30 里	
	萬壽宮	治東梘豐，距城 30 里	
	萬壽宮	治南美田橋，距城 50 里	
	萬壽宮	治南泗紛市，距城 30 里	
	萬壽宮	治南豆田橋，距城 28 里	
	萬壽宮	治西神福市，距城 45 里	

續上表

地點	名稱	相關摘要	出處
	萬壽宮	治西攸塢，距城 45 里	
	萬壽宮	治西昭陵，距城 90 里	
	萬壽宮	治北東沖鋪，距城 30 里	
	萬壽宮	治北板杉鋪，距城 20 里	
	萬壽宮	治北花草橋，距城 30 里	
	萬壽宮	治北淥口市，距城 90 里	
	萬壽宮	江西鋪商會館，坐民都新市	
寶慶府新化縣	萬壽宮	在東門外，江西客民建	同治《新化縣志》
岳州府巴陵縣	江西會館	在市內，江西商人購地建	據《海關報告》
		在附郭南	光緒《巴陵縣志》
	真君觀	在縣東 77 里	
嶽州府平江縣	許真君廟	在城內上西街，康熙間江右客商建	同治《平江縣志》
	萬壽宮	河塘市，縣北 60 里	
	萬壽宮	新市，縣東 70 里	
	劍灘廟	劍灘，縣北 11 里，有真君試劍石	
岳州府華容縣	江西會館	在縣城	光緒《華容縣志》*
常德府武陵縣	江西會館	乾隆十六年江西人在大河街建	嘉慶《武陵縣志》*
常德府桃源縣	江西會館	在城內（縣城圖）	光緒《桃源縣志》
常德府沅江縣	萬壽宮	康熙五十八年建，江西五府客籍續建	嘉慶《沅江縣志》
澧州石門縣	萬壽宮	縣治東，客商江右人會館	嘉慶《石門縣志》*
	萬壽宮	縣治東 15 里易家渡，亦江右人會館	嘉慶《石門縣志》*
	萬壽宮	仙陽坪，嘉慶初年修建	《澧州志》
澧州安福縣	萬壽宮	江右會館	《澧州志》

續上表

地點	名稱	相關摘要	出處
澧州	鐵柱宮	一名萬壽宮，江西客民建	民國《澧縣志》
澧州安鄉縣	萬壽宮	西門，江西會館	民國《安鄉縣志》
澧州	江西會館	在津市，咸豐年間建	《津市文史》第四輯*
衡州府常寧縣	萬壽宮	縣城白衙口	《常寧文史資料》第二輯*
	萬壽宮	城內，吉安縣人建，又稱廬陵會館	《常寧文史資料》第二輯*
衡州府清泉縣	萬壽宮	城南新街	乾隆《衡州府志》
	萬壽宮	柴鋪街	
衡州府衡山縣	萬壽宮	城南南樂廟前	章文煥先生考察
郴州	萬壽宮	1997 年拆除	章文煥先生考察
郴州府興寧縣	真君宮	江右客民會館，康熙五十年建	光緒《興寧縣志》
郴州府永興縣	萬壽宮		鄧衍禧先生口述
寶慶府邵陽縣	萬壽宮	府城東牆下，東山寺右，江右客民會館	道光《寶慶府志》
寶慶府城步縣	江西會館	縣城圖	
寶慶府武岡州	江西會館	縣城圖	
靖州綏寧縣	萬壽宮		張林海先生目睹
永州府零陵縣	萬壽宮	北門鎮永樓前，康熙三年協鎮副長官胡世勳建	《永州府志》
永州府新田縣	萬壽宮	縣城圖民國《新田縣志》*	
永州府江華縣	豫章賓館	在東關外，乾隆丙戌年建，重簷複閣，綿亙半里	同治《江華縣志》
	萬壽宮	在城內	《中國會館史論》
永州府祁陽縣	萬壽宮	在朝京門內，嘉慶八年建	同治《祁陽縣志》
永州府東安縣	萬壽宮		張林海先生目睹

續上表

地點	名稱	相關摘要	出處
永州府永定縣	萬壽宮	在城內河街，江西民建	民國《永定縣鄉土志》
	萬壽宮	北鄉十二都茅溪	
	萬壽宮	西鄉十三後平蘭幹廟地*	
	萬壽宮	西北鄉十四都茅岡司	
永順府桑植縣	江西會館	縣城東門旁，一進三層建築	同治《桑植縣志》縣城圖
乾州廳	許旌陽廟	大垣東門外	乾隆《乾州志》
永順府保靖縣	萬壽宮	縣西十字街	《保靖志稿輯要》
	江西廟	十三都芭茅寨	
	江西廟	十二都里耶	
永順府永順縣	許真君廟	東門外，江西會館	同治《永順縣志》
永順府龍山縣	萬壽宮	城南	光緒《龍山縣志》
	萬壽宮	董浦里紅岩溪	
	萬壽宮	農安塘	
	萬壽宮	辰旗里汝池河	
	萬壽宮	他沙里招頭寨	
	萬壽宮	明溪里茅長坪	
辰州府漵浦縣	萬壽宮	城西門外，江右各府商民共建	同治《漵浦縣志》
	萬壽宮	四都底莊	
沅州府芷江縣	許真君廟	城內西街，明江西客民建	同治《芷江縣志》
晃州廳	許真君廟	在龍溪市，江右客民建	道光《晃州廳志》
	許真君廟	在大魚塘，江右客民建	
靖州會同縣	江西會館	南門外	光緒《會同縣志》
	江西會館	原在洪江碼頭，康熙十五年移建大河邊桅杆坪	《會同文史資料》第五輯*

續上表

地點	名稱	相關摘要	出處
	江西會館	江西南昌府人建	《會同文史資料》第五輯*
鳳凰廳	萬壽宮	縣城東郊青龍山趾江西街，乾隆二十五年	《鳳凰文史資料》第一輯*
靖州	萬壽宮	大南門外和壇，江西省鄉祠	光緒《靖州鄉土志》

　　資料來源：主要依據章文煥先生《萬壽宮》中《江西省外萬壽宮名錄》，並作部分增補說明。增補的標「*」。

2. 會館的基本功能

　　作為同鄉商人團體組織的會館，承載著厚重的社會、經濟功能。

　　（1）社會功能

　　敦睦鄉誼。客籍人士要在異鄉立足，建立在地域鄉幫基礎上擴大了的宗族姻親勢力是最可憑藉和依賴的力量，而集結、聯合、擴大這種力量，唯有通過聯鄉誼、祀神祇的形式，以同宗同親、同鄉同風、共同的神靈崇拜和宗教信仰來維繫和感召，因此幾乎所有的會館在創立或重修時都反復強調此宗旨。江西商人在外多建萬壽宮，祀江西鄉土神許遜，「許遜字敬之，許昌人，嗜神仙修煉之術。從吳猛學，得神方秘訣，隱於（南昌）西山。晉太康初，起為旌陽令，大施利濟。……後舉家拔宅飛升，里人立祠祀之，……俗稱旌陽真君」[275]。因許遜學道江西，造福江西，

---

[275] 《神仙通鑒》，轉引自方志遠：《明清時期湘鄂贛地區的人口流動與商品經濟》，人民出版社，2001年版，第612頁。

故雖為許昌人，仍被江西百姓尊為地方神，其祠廟為「萬壽宮」。「好遊瀟湘洞庭之區」的江西賈客[276]，建萬壽宮以為江西會館便是很自然的事。除建萬壽宮以為會館外，個別府縣商人亦有將本府縣地方神祀於會館中，如臨江府，「吾鄉蕭公廟亦稱仁壽宮，祀蕭英佑侯，清、淦兩邑多有之。鄉人之客遊異地者，合建會館以祀之」[277]。但無論尊何地方神，其會館的祭祀、敦睦鄉誼的功能是一致的。臨江商人在衡陽修建的會館仁壽宮，非常清楚地表明瞭這一點：

> 合同鄉以為會館，且祀蕭英祐侯於中，而名其宮曰仁壽宮，吾鄉之客遊者類然。自滇、黔、楚、蜀兩粵之地，無慮數百千處。衡陽當三楚之沖，宦遊商旅往來絡繹，於是同鄉諸君子鳩資庀財以從茲役。而某屬經其事，既落成乃書助貲襄力者姓名於後，而諗於眾曰：合同鄉以為仁壽宮，猶聚族居者之為宗祠也；族無宗祠則祖靈無所馮依，無以致時祀，無以聚子姓而敦雍睦之誼；客於異地不有是宮無以延神休，若士若賈無以萃渙而篤同鄉之好，是故里居則聚族，合食而各依其祖；客遊則合祀鄉之先賢而以萃其渙，神祝嘉祉，人懷即次，相聚客邸不殊里居。故曰，仁壽宮之建，猶族居之有宗族也，凡我同鄉聚眾於茲宮，有無相通，憂患相恤，迎

276 （清）酆嵩壽：《車村遺稿》，《湘潭賈客眾建旌陽殿薄敘》。
277 （清）裴汝欽：《詹詹言》卷四《蕭公》，1930 年南昌鉛印本。

往送來，遠至如歸，歲時宴會以樂神休，以敦鄉好，則雖異姓之聚，不啻同宗之戚也。休哉，茲宮之建，其為功，是為功於吾鄉也，永永勿忘之矣。**278**

會館這種類似家鄉宗祠性質形式的興建，使得同鄉通過祭祀鄉土神靈，不僅解決了信仰問題，更為重要的是，在這種共同的祭祀形式下，同鄉走到一起，以萃其渙，榮辱與共，憂患相恤，為在異鄉站穩腳跟建立了據點，並達到「雖異姓之聚，不啻同宗之戚也」的狀態。江西會館作為江西商幫的物質載體，能夠大規模在湖南產生並臻於極盛，與其這種社會功能密不可分。

力行善舉。會館要有持續的有效的號召力，要使身處異地的同籍之人對會館長久保持向心力，光憑聯鄉誼、祀神祇這種相對空泛而沒有一定的物質保障的形式是遠遠不夠的。因此，會館在祀鄉神、睦鄉誼的同時，更多的利用自身所置產業如田地、店鋪等提供的財富來源，公開聲明將力行善舉放在重要地位。這主要包括：

第一，義葬死者。中國人歷來看重死生之事，對那些身後無子或無力歸葬故里者來說，葬於義塚猶長眠故里，也免得屍骨露於荒野。醴陵縣豫章會館，「計管店房數所，田一石有奇。凡贛人落拓於醴者，飲以川資。病給醫藥，死無所歸者，則畀以棺

278　（清）錢時雍：《錢寄圃文集》卷一〇《捐修仁壽宮姓名碑記》，乾隆刻本。

槥」[279]。會同縣江西會館資金充足，資產甚多，計有「義山」三處。[280]也有不少會館對有願搬柩回籍者，適當給予資助，送歸代葬。義葬死者為異域謀生者解除後顧之憂具有重要意義。

第二，救濟同鄉。對同鄉人而言，會館是避難所、寄宿地，病時可以延醫供藥，年老不能經營時，有一定數額的安置費，返鄉時也有川資路費提供。當同鄉中有遭遇不測，如泛舟沉船，過路遇劫等天災人禍時，一般由會館給予一定的接濟，若數額巨大，則由會館出面，在同鄉商人中徵募，幫其渡過難關。若同鄉遇有官司或與他人發生糾葛，也多由會館出面解決。

第三，興辦學校。商人僑寓異鄉，有時子弟同往，為使其能獲得上學念書機會，為以後科舉入仕做好鋪墊，在不能與土著共用教育資源的條件下，不少會館設立私塾或小學校，重視子弟的培養。如湘鄉縣城的江西會館，在大正街興辦旅漣小學，楊家灘的江西會館亦創辦贛源小學[281]；衡陽萬壽宮創辦豫章小學校[282]。

第四，充當職介所。在湖南，店鋪一般有這樣的規矩，不明底細的人不能收留在店內做幫夥。這使得辭家遠道而來者，在陌生的環境中難以立足。但如果能得到較有名望的江西士紳承保，

---

279 民國《醴陵縣志》之《建置》。

280 光緒《會同縣志》卷一三《會館》。

281 《湘鄉社會力量辦學史話》，《湘鄉文史》第9輯。

282 蕭善卿：《衡陽的江西會館——萬壽宮》，《衡陽文史資料》第8期。

或會館的推介，為工為賈便是易事。而店鋪、作坊如急需雇人亦向會館回饋資訊。大多江西會館都能為遠道而來的同鄉謀生路，外地來湖南者多通過萬壽宮的承保而得以在本地謀生。會館事實上已成為同鄉在湖南謀職的橋樑和紐帶。

第五，助興公益。為在湖南站穩腳跟，江西會館對地方公益事業的興辦也眾力共赴，不遺餘力。以津市碼頭江西義渡為例，江西幫修建津市碼頭後，義渡由江西南昌、吉安、臨江、瑞州、撫州五府商人分別承擔，具體為：南、吉、臨各備渡船兩艘，瑞、撫兩府商人共建渡船兩艘。八艘渡船中，四艘常年在江面往返，四艘在岸上修理備用。壹號渡船歸南昌府（主要是南貨、估衣商人），貳號渡船歸吉安府（主要是布匹、南貨商人），三號渡船歸臨江府（主要是藥業商人），肆號渡船歸撫州、瑞州二府（主要是金銀業、油行、紙炭業商人）。船隻修理及其他費用，由各府按自管船隻承擔。[283]

（2）經濟功能

避免同鄉競爭，保證獲利。江西客商彙集湖南，最根本的目的還是賺取商業利潤，同鄉商人出賈營生，牟利為第一要務。但如果一味追求商業利潤，不顧同鄉間的融洽關係，相互競爭，其結果必然是同鄉整體利益的受損，外幫漁翁得利。故不少江西會館，其建立的緣起亦為避免同鄉商業競爭，保證同鄉獲利。正如上海江西會館告示牌所述：「竊生等籍隸江西，在治為商為賈，

283 黃友義：《津市江西碼頭、義渡的起源》，《津市文史資料》第4輯。

每逢運貨到上，價值參差不一，以致各業難以獲利，緣無集議之所，是以同鄉共鄉，不能劃一」，因而「勸捐購基，起造會館」。[284]湖南各地多數江西會館，尤其是縣域商幫小會館，更是以「劃一價格，避免同鄉競爭」作為基本條規，商戶若有違背，將受到嚴厲制裁，甚至被革出本幫。大多數會館設有公正堂來討論、處理相關事宜。因此會館實際上是約束同鄉、避免內部競爭的制衡機構。

溝通商業資訊，交流商業經驗。商人要想在商業流通上獲利，商業資訊和商業經驗這些無形財富，在交通和通信極為不便的時代顯得尤為重要。不少贛商在湖南從事長途販運貿易，如木材、糧食、藥材、桐油多跨數省經營，各地物產的豐歉、物價的消長、運道的暢阻以及沿途的安全狀況等等商業資訊直接關係著經營的成敗。而為同籍過路商人提供食宿和貨物儲存的會館，實際上發揮著商業資訊的溝通站的功能，各地的會館聯成一張巨大的資訊網，為同鄉獲利提供了條件。商業經驗的獲取除了自身的實踐積累之外，同鄉間的交流也是重要途徑。客於異地的同鄉，在與外商競爭中，多是榮辱與共的戰友，商業經驗交流是必要的，而定期集會的會館自然成為商業經驗交流的好場所，這對府縣地方商人行業相對集中的會館而言更是如此。這些優點也是同鄉商人對會館修建慷慨輸捐的重要原因。

284 《上海縣為江西會館房產立案告示牌》，《上海碑刻資料選輯》，上海人民出版社，1980 年版。

調解經濟矛盾，仲裁商業糾紛。商場如戰場，商事爭端時有發生，房產的典押、店鋪的承轉、股權的分合等諸如此類的商業活動中，利益所在，糾紛難免。對於幫內同鄉商人而言，雙方當事人一般到會館公正堂，請首士或值年公正，三方簽字以絕日後隱患。若紛爭發生，也一般由會館中威望較高的士紳出面調解，因其平日處事較為公允，故其所做出的裁決，具有一定的權威性，也多能得到雙方認可。若是江西商人與異籍商人間發生較為重大的糾紛，則一般由江西會館首士或值年出面，與他幫地位相稱之人物會商解決。

3. 江西商幫內部的經營管理

江西人背井離鄉前往湖南為商，經營獲利是其根本宗旨，其他社會活動均是圍繞此宗旨的更好實現而展開的。在從事經營活動中，僅以同鄉關係聯絡一氣的江西省級會館組織，因內部範圍大、行業廣，結構龐大繁雜，管理較為鬆散，難以適應具體的商業競爭行為的需要。而江西幫內府縣商幫組織（主要是府縣同鄉行業團體）其內部運作已具備行業組織的特徵，通過嚴密的行規來規範成員的行為，有效地實現了經營管理目標，符合競爭需要，維護了地域商人的根本利益。下面我們以湖南湘潭樟樹藥幫為例來看江西商幫內部地域性行業團體的經營管理。

湘潭藥業江西商人基本上都是以清江縣樟樹鎮為中心的周邊鄉民，因而稱之「樟樹藥幫」，簡稱「樟幫」，從地域範圍上講除樟樹鎮所轄鄉民，還包括臨江府（清江、新喻、新淦、峽江）

和臨近的南昌府豐城縣人，因此又被稱為「臨豐幫」[285]。樟樹藥商進入湖南始於明萬曆年間，最初以肩擔車載方式往來於湘贛邊境地區販運藥材，逐漸深入內地，形成湘潭、常德兩大中心。清江縣大橋鄉程坊村黃某於康熙年間開始在湘潭一帶經營，後在湘潭十二總租賃房屋，開設藥材棧，方便客商食宿，兼營代客買賣。乾隆二年（1737），報請當局備案註冊，取得牙紀行帖，成為湘潭第一所正式藥材行。兩年後，臨豐藥商在湘潭已發展到安吉、豐泰、張全福、恒升、義利、大德、生泰、乾元、正昌、恒昌十家藥材行，包攬湘潭藥材的經營，從業者四五百人，成為江西藥商在湖南的最大據點。乾隆年間，湘潭設江西會館二處，光緒縣志又見臨豐賓館，自乾隆始，依託會館組織，臨豐藥幫已經形成一個很有勢力的地域兼行業幫派，並逐漸完善一整套的組織、經營、管理制度，壟斷湘潭藥行二百餘年。這些制度包括：

（1）責任明確的組織制度

臨豐幫藥材行人員配置一般為：管事（經理）、副管事或稱堂面老闆（業務經理）、帳房（會計出納）、朝奉（業務員）、座牌（商品登記開票者）、信房（函件收發）、掌秤（兼保管員）及學徒。各機構有嚴格的分工和職責範圍。管事一人，全面負責

285 參見清江縣志編纂委員會編：《清江縣志》，《藥都藥業》，上海古籍出版社，1989 年版；《樟樹藥幫》，郭文玉、謝興良《樟樹藥都》；《湘潭藥材業》，《湖南商業志資料彙編之三：主要行業沿革》，1983 年內部資料；張秀文《湘潭藥材行的經營情況》，《湖南文史資料》第 17 輯。

本行內部各項工作；副管事一人，負責本行業務工作；正副帳房一至三人，負責銀錢進出賬務；朝奉七至十二人，負責對外洽談業務；大小牌座二人，負責登記交易商品，繕寫售貨、送貨草票、正票；信房一人，負責經辦有關信函、掌握市場動態；管理商品學徒一人，專門負責商品的過秤並登記秤簿，管理伙食學徒一人，專門負責購買伙食物資、逐旬登記伙食賬；學徒四至八人，時間為三年，前半年打雜，之後打聽行情、抄報盤，第二年送貨款，第三年參與部分業務，期滿視其才能安排到適當崗位。此外伙房夥計（行工）十二至十六人，擔負本行及駐行字號的藥材起卸、抬送，並負責包裝、捆紮、打簍、保管本行藥材客商藥材；廚房、大灶、打更各一人。行內等級分明，所有人員各司其職，不得循隱舞弊。

臨豐幫有嚴格的用人規定，各藥材行不論合資獨資，投資者必為臨豐籍，朝奉、帳房、牌房、信房、店夥、學徒也一律聘請臨豐人，伙房夥計則多委請吉安府永新、安福、蓮花三縣人。所請各員任職一年，每年正月「講生意」，決定去留。員工不准挪售客貨、扯欠客款，不准盜竊、吸食鴉片，不准與當地女子結婚等等，倘有違規，輕則開除，重則送藥材行全體員工組織崇慶堂公議，在三皇宮（藥王廟）焚其被帳、衣物等個人生活用品，並通報全行業，永不錄用。

（2）管理嚴格的經營制度

所有藥材買賣，不論數量多少，一律通過藥材行成交，違者，採取一致行動，與買賣雙方斷絕一切交易關係；傭金只取賣方，且各行傭金比率一致，買方不負擔任何手續費；統一扣價，

按折扣計錢，以藥材幾大產區劃分，川、陝、淮、浙貨類的當歸、黨參等藥定為九一扣，廣貨和南洋進口藥材如珍珠、燕窩、廣木香等定為八五扣，土貨類即湖南本地藥材不打折扣。行業扣秤有折扣、升皮、叫秤、明皮之分，按不同藥材及包皮、實際皮重與規定皮重的差距定位八五、八八、九六等扣率，不扣秤即明皮；各行保證公買公賣，不瞞秤、不吃價、不短斤少兩，不貼秤、貼價、貼行傭，做到無論買主賣主在不在場均一樣，遠近無欺。交易完成，一律懸寫粉牌，便於買賣雙方洽談和監督，以取得客商的滿意和信任。

此外，各藥材行內部都有嚴密的財務管理制度。各行有統一的財務表賬，如交易的流水帳、銀錢往來的明細帳、購銷商品的分戶賬、銀錢和財務總帳、行工招進招出藥材的明細帳，並要求做到貨賬相符、錢貨相符。每屆年終，應造具收入支出平衡表，以備行業組織核查。

（3）等級分明的薪俸制度

工資：各員工工資一年一定，最高為銀元六十四元。民國年間，老闆工資為六十四元，老朝奉、帳房為五十二至五十八元，青壯年朝奉、帳房為三十四到四十元，學徒三年無工資，三年期滿後第一年為八元，第二年二十四元，行工以向賣方收取進出和起坡、下河的力資為主，無固定工資。

外水：各行都有一個「公記」牌，可以少量屯買屯賣某些藥材，不付現款，也不扣傭金，所得利潤為「公記」紅利。分配辦法：朝奉、帳房、信房每人各占一股，年終每股可分到五六十元。行工則主要是代客購買包裝物的回扣及為客貨保養的酒錢。

　　紅利：一般按所抽紅利的百分之十左右分給朝奉、帳房、信房等先生，具體數額按其資歷及業務能力決定。

　　其他福利待遇：所有員工的伙食費由行負責，每月理髮三次，費用也由行開支；每年發給蒲扇、雨傘各一把，油鞋一雙，茶葉、黃煙都由行開支。朝奉、帳房每次晚餐例備白酒半斤。三年一次探親，時間為半年，工資照發。天寒時朝奉等先生燒木炭盆，夥計等烤地爐煤火。

　　另外，為了將各項制度落到實處，有效地監控各方面的執行情況，臨豐藥幫又形成了一整套的堂會組織。乾嘉年間，為協調、保障各方面利益，便於壟斷市場的「八堂」組織因勢產生：「八堂」中全美堂為藥材行老闆的組織；崇誼堂為臨豐籍在湘潭開設藥材行、店、字號老闆、員工的組織；崇慶堂為藥材行全體員工的組織；崇福堂為臨豐幫買貨客組織；福順堂為臨豐幫經營川貨客組織；聚福堂為臨豐幫經營漢貨客組織；懷慶堂為臨豐幫經營淮貨客組織；公正堂為統一校秤的公堂組織。「八堂」以崇誼堂為首，各堂有董事或首事，由成員一年一推舉，稱為「值年」。藥商及幫夥只有交納一定的入會金加入相應的堂會才算入幫，以取得在潭藥材行、號、店、莊營業或工作的資格。「八堂」各司其職，凡涉及相關事件，由相應堂會組織具體辦理。如藥材行所收取傭金的比率，不經全美堂公議，不能變更；再如藥材行使用的秤，規定由公正堂於農曆每月下旬二十四日統一在指定衡器店校驗一次，校驗費和修理費均也由公正堂負擔。此日，公正堂值年主持辦「校秤」酒席二桌，並宣誓：「公平買賣，遠近無欺，如有瞞秤、欺騙、吃價，永世不昌。」這些堂會組織，其根

本目的便是把持行業利益。繼「八堂」組織之後，最遲在光緒前期，臨豐幫又組建自己的會館臨豐賓館（又稱臨豐公所）[286]，進一步整合臨豐幫自身力量，協調同業之間的利益關係，為控制各方面的權利，維護地域性商幫的根本利益而繼續努力，縣志中提到「臨江擅藥材，歲可八百萬」便是很好的注腳。在樟樹藥幫組織日趨完善的過程中，湘潭藥材行行業地緣化的特徵得以鞏固，直到今天在湘潭經營藥店的商人仍多為樟樹人，可見其影響之深。

以上臨豐藥幫的內部運作制度，應該是湖南的江西幫中各府縣商人團體的一些共性的東西，長沙的豐幫（南昌府豐城縣成衣行業）其內部的經營管理絲毫不遜湘潭臨豐藥幫。最遲在咸豐年間，豐幫就已創立了自己的會館「文昌閣」[287]，奉軒轅神位，並有規章沿襲。光緒年間，該幫面對「人心不測，紊亂條規」的形勢，重整幫規，其內容全文如下：

> 夫衣裳之制，創自軒轅，而文繡之恒，垂於戴禮。長短廣狹，必期度數之得宜，改造縫紉，務使剪裁之合法。前次章程迭出，往往視為具文，只緣趨利是圖，罔知忌憚。因設立七會，首曰軒轅，次為福佑，此兩會歸衣東經理。又曰福

---

286 光緒《湘潭縣志》卷七《典禮》。

287 同治《善化縣志》卷三一《萬壽宮碑記》中提到的洪家井南昌衣行文昌閣，實際上就是豐城幫的會館。

主、福勝、福興、福生、福慶，此五會係店夥客師成衣經理。其一切議立章程，無不美備，乃人心不測，紊亂條規，今再合集同行，重整舊章，俾掃除惡習，革故鼎新，合志同心，勉旃勿怠。今將酌議條規開列於後：

一議同行人等，不准私引客販赴外省衣店買辦貨物，違者罰戲一部。

一議同鄉豐城客師，不准幫買外省外府衣店，只准幫豐城本縣衣店，違者革出，三代不許入幫。

一議同鄉開店者，裁就衣物，不准發與外幫，只准發豐城縣，違者罰戲一部。

一議衣店並成衣，概行不准攜帶外省外府徒弟，只准帶豐城本縣，違者罰戲一部。

一議衣店並成衣，只請豐城本縣客師，不准雇請外省外府客師，違者罰戲一部。

一議同鄉成衣生理，不准私地剪裁，接做外省外府衣店貨物，只准做豐城本縣貨物，違者罰戲一部。

以上重整條規，均宜恪守，倘若犯者，內有知此情弊，隱瞞不報，罰戲一部。如不遵罰，革出三代不許入幫。[288]

從此條規可以看出，光緒以前，豐幫內部類似湘潭臨豐藥幫

---

[288] 《西幫衣店條規》，彭澤益：《中國工商行會史料集》上冊，中華書局，1995 年版，第 385、386 頁。

「八堂」組織的「七會」已經設立，幫內老闆、店夥、客師、經理各有所屬，為更好地約束同鄉，豐幫一再整頓章程，其目的毫無疑問是為了保證豐幫的整體利益不致受損。較嚴密的堂會組織的形成，使商幫組織超越了一般的集體互助和會館協濟聯誼範疇，進入了一個新的階段。[289]

清中葉以後，湖南江西商幫內部地域性行業商人組織經營運作規章的縝密、重整與強化，一方面是社會商業競爭與各項矛盾衝擊的結果，經濟的發展、行業聯合的加強必然要打破這種相對封閉、各自固守的格局；一方面反映了江西商幫面對社會形勢的變化，為在異地爭取本地域商人的最大經濟利益，在組織機構、經營策略上的不斷調整。作為地域商業團體的江西幫，此時已是「山雨欲來風滿樓」，在社會整體急劇變革之下，江西幫的分化演變已經在所難免。

二、江西幫組織的雙重分化演變

清中期臻於極盛的傳統的江西商幫組織會館，自光緒以降，便逐漸趨於停滯，而另一種跨地域商人的行業組織（包括同業公所、同業公會）卻迅速發展起來，在某些地方甚至取代會館。晚清民國會館漸衰與跨地域商人行業組織的興起，表明了湖南的江西幫組織正經歷著一場歷史性的分化演變過程。在討論這種分化

---

289 邵鴻：《利益與秩序：嘉慶二十四年湖南省湘潭土客械鬥》，《歷史人類學學刊》第 1 期。

演變之前，有必要先瞭解會館組織與同業組織的簡單聯繫與區別。[290]首先，從其功能上看，會館是外來同鄉商人的組織和辦公場所，代表地域商人的利益，同鄉是加入這一商業團體的先決條件，鄉土特徵非常明顯。同業組織則打破狹隘的地域概念，一般不分籍貫，不論土客，只要從事同一行業都可加入，甚至必須加入同一同業公所、公會，它代表的是整個行業的利益。其次，從其命名來看，會館絕大多數以商人的籍貫為名，而同業公所、公會原則上以行業命名。但也有少數以籍貫為名的公所，這種以地域命名的公所其特點一般表現為此公所內的商人實際上是同操一業，籍貫與行業統一，如湘潭的臨豐公所，實際上應該是臨江、豐城兩地藥商的地域性會館。第三，從其供奉的神祇來看，會館一般主祀鄉土神靈，配祀其他神靈，如觀音等神祇；而同業公所、同業公會則多以行業神為主祀對象，如錢業俸財神，藥業祀藥王。總之，會館與同業組織的根本區別在於，前者以服務地域商幫組織為根本宗旨，而後者則以整合行業行為為最終目的。由會館到同業組織的演變，實際上就是由血緣地緣團體向業緣組織的轉變過程。

---

290 目前學術界對此爭論太多，各執一詞，本文僅以湘省範圍內會館、公所設置的一般情況而言。

1. 同業組織的勃興與江西幫的融入[291]

清末民國，同業商人組織勃興，作為地域性色彩濃厚的江西商幫，審時度勢，順應社會發展潮流，走出地域商幫局限，參與到同業組織中去，完成其由血緣地緣團體向業緣團體的近代轉變。下面以錢業、藥業為個案，看湖南江西幫融入同業組織的過程。

（1）長沙錢業江西幫與同業組織的創建

「銀錢貿易，業冠百行」，錢業在商業中佔有重要地位。「蓋錢行一業，所為弁冕群商者，匪特造物盈虛之用愈演而愈繁，抑亦生人福祿之源可大可久也」[292]，因而錢業的興衰多被看做是一時商業涼熱的風向標。湖南錢莊，「究始於何時，已遠不可考，《湖南通志》所載咸豐六年湘撫駱秉章奏摺，稱『湘省昔時

---

291 在此有必要先說明，在湖南經商的各地域商人，大部分情況下，他們在經營同一行業時以地域劃分，比如說長沙藥業，經營此行業的有江西人、湖南人、江蘇人、河南人、山東人，他們各自組成自己的藥業行業團體組織，稱之為長沙藥業（江西幫、湖南幫、江蘇幫、河南幫、山東幫）；再如在湖南經營鹽業的商人團體，有南幫（江南鹽商曰南幫）、西幫（江西鹽商曰西幫）、北幫（湖北鹽商曰北幫）、本幫（本省鹽商曰本幫）。各地域行幫組織互不隸屬，行規自定，相互競爭，並列存在。由於各幫內籍貫的一致性，所以他們各自的組織在《湖南商事習慣調查報告書·會館》書中被稱為同籍公會。本文闡述江西幫組織向同業組織的演變，指的是江西幫由地域性行業組織向跨地域的、面向全行業的同業組織（同業公所、同業公會）的融入轉變過程。

292 《錢店公議條規》，彭澤益：《中國工商行會史料集》上冊，中華書局，1995 年版，第 233-237 頁。

營錢號者，多係江西人民，自粵匪竄湘，已相率歇業回籍」[293]。由此可知，咸豐以前即有錢號，而且此業中以江西商人為主體。太平天國戰亂平息後，湖南錢業急速復蘇，「頗稱興盛，其營業或發市票或鑄鉛絲銀，獲利者巨萬」。在利潤的驅使下，地域商人相互牽引，商幫組織迅速成長，「原最初在湘開設莊號者，多為贛籍人士，嗣後錢業既盛，獲利頗豐，本省人士亦接踵而起，與贛人爭衡，於是遂有江西人經營者為西幫，湖南人經營者為本幫，以示區別」[294]。本西兩幫各不相關，行業條規自定，行業內各家店號供奉一行業神——財神菩薩，亦無所謂同業公所。

　　光緒初年，社會風氣漸開，市面金融活潑，錢店利潤豐厚，小錢店乘機而起，以至於遍布街巷。但這些小錢店多是投機經營，資本不豐，無相當的銀錢儲備，信用不固，哄搶市場，甚至時有倒騙潛逃之事發生，整個行業秩序混亂，聲譽受損。於是「錢業中人見業務如此散漫無稽，遂開始組織同業財神會於福源巷」，並規定「凡掛『錢店』二字招牌者，需各捐牌費銀五十兩於財神會，否則不許開設」。並呈請官府核准立案，以取得官方支持。在營業上商定，「每日錢價由財神會公議，上午一價，下午一價，凡營錢而不出牌費者，一律取消其營業權」[295]。此番

---

293 胡適：《湖南之金融》第 3 章，《湖南之錢業》、序言，1934 年。

294 胡適：《湖南之金融》第3章，《湖南之錢業》、第二目、湖南錢莊的種類。

295 《長沙錢業公所沿革》，湖南《大公報》九版，民國十四年九月四日。

整頓後，錢業秩序井然，生意也由此而擴張，但行業內各方面制度還待健全。光緒十餘年間，湖南金融市場動盪，錢店票幣充斥市面，究其原因為濫用票幣，如部分中小錢店原資本不及一萬，而出錢出票幣卻至數萬之多，故市面票幣通貨膨脹，錢店資金周轉不靈，不少錢店旋即倒閉。當地官方插手此事，取締錢莊數家，並規定「凡錢店須有五家同業聯保，方准開設」。錢業同人受此金融風波打擊，重新整理行規，考察各店號實在資本，資本不實者，不以連保；內部嚴格監督，遇有違規，立即整飭，「行業內又為之振興，同業因此獲益者甚多」。行業中出現多家大錢店，如汪咸裕、周集義、顏泰順、德源長、朱乾升、蔡福泰、天咸豐、春和祥、澤春祥等店，且有不少兼營典當。錢業一時信用大昭，金融活潑。為適應行業發展需要，商界素有威望者蔡少相向同業捐資購買下坡子街房屋，建築財神殿，同時將福源巷財神會名義取消。財神殿成為錢業同行議事場所。

光緒二十三年（1897），將財神殿改名為福祿宮，每日錢價限定同人早飯後齊集福祿宮共同議定，每日只出行市一次，最遲不得過上午十點。而此後行規亦更加具體，茲摘引部分如下。

在兩幫組合及行內事務的處理上，「我行公廟新舉總管四人，本籍客幫各二，敦請賢能練達事理精詳者，會同每屆總散值年經理同行要務。凡屬有礙行規及緊要公件，值年即行會商總管，公議事應如何辦理，然後出通知單知會同行，則事權歸一，以免眾心難齊，各懷異見。至總管更替，三年一屆，滿期仍由同行公議酌舉總管兩人接辦，舊總管四人內、酌留客本兩籍各一位，新舊各半，輪流交接，以資熟手而免誤公。」

「廟內公舉首士值年，首士宜擇賢能諳練者為之……同行有事，及上憲傳諭，均須親到，或以大管事代之，如值年連傳三次不到及率派小夥到廟充數，公同議罰足錢二串入會，以免推委而重行規。」

關於同業開張，「嗣後凡欲開張，必先請至總值年處，登記新開牌名於總簿，說明店東何人、司事何人，別無膠葛，然後開張。係前曾關歇，店東該賬未清、銀錢票據未能發訖，或本係無恥之徒，屢開屢歇，只圖網利，不顧天良、乖我商體，均不得改牌復開，違者公同稟究」。

關於行業結算，「同行所出除夕、年終、年底、臘底及三十等期銀票，公議均由是日上午、下午將店內銀票盡數赴公所，互相撥換」。

關於錢業圖章，「我行錢業各色圖章，乃鎮日必須之物，雖關緊要，不能有店主時刻收藏。且難杜監守自盜之弊。倘有店夥人等悄竊圖章，蓋用銀錢票據，濫供嫖賭各用，該票一經上櫃，或別經查出，概以做假票論，並追來手究系店夥何人所弊端，一面送縣究辦，一面投鳴值年，公同貼革，如或被其朦混兌去，銀錢即著保人賠償」。

為保障同行利益，免受社會上不正當勢力的滋擾，規定「同行不論何家有痞滋鬧，一經得信，即著老成幫夥或親往解散。如托故不前或令無知店徒前往充數，以致債事或該痞等內有與同行店主、幫夥誼涉族戚，因而不申公論，反而庇護，查出公

罰」[296]。

　從這些條規可以看出，本客兩幫在行業組織構成上基本持衡，總管許可權最大，兩幫各二；業務上兩幫已無隔閡；行業對外交往上也未有本客之別，如遇事端，均由行業組織出面照應。因而可以說兩幫基本沒有差別。民國初年，按照當時普遍的稱謂，錢業同人將「福祿宮」三字改為「錢業公所」，增收牌費銀六十洋元，創行業月捐年捐，以擴充公所公項，並由公所創辦小學一所。同業中子弟不論本客幫均可入讀，進一步淡化了兩幫的地域差別。民國十三年（1924），公所改為董事制，由本客兩幫合組，票選董事九人，監察二人；聘請文牘一人，書記兼管卷一人，會計兼庶務一人，公丁並廚役號房四人。公所除每日上午議錢價外，若同業中有亟須討論之事，則及時通知各董事、監察召集，開會一經議決即發揮效力[297]。至此，兩幫已經完全融為一體，錢業中的江西幫也完成了地域商幫到同業組織的演變過程。

　（2）長沙藥業江西幫的基本演變

　「省城藥業開設最老、聲名最著者，以外幫人居多。」[298]清前期，長沙中大小藥店有一百餘家，分屬江西、江蘇、河南、山東、湖南五幫，其中湖南幫因屬本土湘籍又稱本幫。五幫各立條

296　《錢店公議條規》，彭澤益：《中國工商行會史料集》上冊，中華書局，1995 年版，第 233-237 頁。

297　《長沙錢業公所沿革》，湖南《大公報》九版，民國十四年九月四日。

298　《省城藥業及藥業公所沿革》，湖南《大公報》九版，民國十四年九月十一日。

規，勿相水火，各自幫口極緊，嚴禁外幫勢力滲透。如河南幫、山東幫，店中幫夥學徒非北方人不請，幫內人員約束極嚴，自老闆及幫夥學徒，一律布鞋布衣，唯管事因對外應酬業務准製馬褂一件外，其餘無論何人均不許製馬褂，無事不許出店門一步，以防止在外冶遊滋事。西幫秉承一貫傳統，從幫夥、學徒到帳房、管事均用江西人，且不許店內幫夥與本地女子通婚。**299**本幫亦有相應之條規，「各店只許雇請本幫客師，攜帶本幫徒弟，倘藐視違規，雇請外幫客師、攜帶外幫徒弟，使值年人等難以稽查，公同革退」**300**。蘇幫因與江西幫淵源較深**301**，所雇員工從掌櫃至學徒多為江西人，「蘇幫人開店，請的職工是西幫人，算是開明的了」，長沙著名藥店勞九芝堂就是如此，擔任部門負責人、技師、高級職員大都是江西人。**302**

各幫之間相互傾軋，競爭激烈，「其生意最大者，莫如江西幫之藥材行，專做批發生意，不做門市零賣」。到咸同年間，江西幫見小藥店零售獲利不少，小藥鋪紛紛興起，「各城門口、各僻街小巷，無不有江西小藥店出現」。這些小藥店多是西幫藥材行幫夥所開，「因藥材進手頗廉，又能向藥材行賒帳，成本輕、

299 《藥業源流》，見清江縣志編纂委員會編：《清江縣志》，上海古籍出版社，1989 年版。

300 《藥店條規（省城）》，彭澤益：《中國工商行會史料集》上冊，中華書局，1995 年版，第 446-448 頁。

301 王曉利：《江西商幫戰長沙》，《湖湘論壇》2000 年第 5 期。

302 《三百年老店──長沙勞九芝堂藥鋪》，《湖南文史資料》第 4 期。

開設亦易也」，這些小藥店靈活便利，經營有聲有色。藥店中生意最好的應屬蘇幫於乾隆年間開設的勞九芝堂，「一姓相承，獲利甚巨，生意永久勿衰」。其次是山東、河南幫的東協盛、西協盛兩大藥鋪。湖南幫最初藥店極少，資本雄厚者亦寥寥無幾。湖南幫藥業中人見外幫藥業團體鞏固，生意發達，爭衡市場，獲利正豐，於是試圖力挽狂瀾，想方設法與外幫競爭，甚至採用「聯絡放價」手段，以奪取他幫生意，在藥業中力量有所增強，出現頤壽堂、福芝堂、南協盛、北協盛、中協盛等大藥店，有能力「與外幫藥業比勝」[303]。無奈外幫資格已老，市場較為鞏固，生意並不因之減少。而在激烈的比拼過程中，為保證同行的一定利潤空間，行業意識產生，商幫的地域開始淡化，以至於湖南幫內部也「人心漸將不一」。光緒十五年，為強化地域觀念，湖南幫只得「重整舊規事」，加強團結合作，防止外幫滲透，在條規中強調：「凡新來客師、新來徒弟，務宜查明清楚，若有外幫潛混，來歷不明等事，公同驅逐，不得徇情隱匿，亦不得臨事抗傳不到，違者共同議罰」[304]，號召同鄉一致對外，與外幫爭強比勝。

　　清末民初，湖南幫藥業日見發達，營業日益擴張。各幫見湖南幫有死拼之勢，為顧全資本起見，有意講和。而頻繁的商業往

303　《省城藥業及藥業公所沿革》，湖南《大公報》九版，民國十四年九月十一日。

304　《藥店條規（省城）》，彭澤益：《中國工商行會史料集》上冊，中華書局，1995 年版，第 446-448 頁。

來，也使得湖南幫「彼時合志同心，無不踴躍」的局面也難以維持，各幫藥業同人要求停止惡性競爭協調商業利潤的呼聲高漲。出於形勢發展的需要，五幫藥業聯絡一氣，創設「五幫藥業公會」，會址設在黎家坡仁壽宮（江西臨江會館[305]）。各幫公同推定總管二人，值年八人；共同議定藥材價碼，劃一價格；不許私自漲跌、破壞行規，違者議罰；會內供奉名醫孫思邈為祖師，並設神農帝像一座。至於會內常年經費，收取牌費捐每招牌一塊，收二十洋元，如改牌加記則收十元，不足款項，另收月捐補助。[306]可見，儘管此藥業公所相對鬆散，省城藥業江西幫至此也完成了從地域行業商幫組織向跨地域同業組織的演變過程。

但是江西幫由地緣組織向跨地域同業組織的轉變並非一帆風順，部分行業在此過程中出現反覆的現象，長沙包金擔業就是如此。光緒年間，包金擔業西幫本幫已經合二為一，至光緒三十四年（1908）二月，本西兩幫出現分離，各立條規：

蓋聞百藝，皆有規章，兩地不無分合。惟我包金一業，西本兩幫合一。會規為日已久，行商坐賈，日多一日，各自濫為。外行之人，巧於射利，西本若不分為兩幫，規矩實難一律。茲於本年戊戌十月初一日，爰集我本幫同行，會合商訂，我本幫與西幫

---

305 湖南《大公報》自民國十四年六月三日起，連續十餘日刊登「江西仁壽宮臨江會館啟事」，而且臨江以藥業聞名，地方會館亦稱「仁壽宮」，故可推測此仁壽宮為江西臨江會館。

306 《省城藥業及藥業公所沿革》，湖南《大公報》九版，民國十四年九月十一日。

永遠分析，各立條規，毋相水火。茲於我本幫條規，公同稟憲，以垂不朽。**307**

然分立不足一年，合併之勢又現。光緒三十四年（1908）十一月，包金擔同行再次公議條規，其中數款如下：

> 一議本西二幫會商，今百行昂貴，惟包金一行資本實貴，生意難做。同行議妥，大金每張漲價八十文，小金每張漲價五十文，刻板成章，以垂不朽。一議兩幫合行派價，一同知悉，各正其名，毋許私違。一議老君瑞誕，二月十五日，各歸各幫總管值年，各整齊衣冠，以昭誠敬，十六日辦會一周選派值年，毋得推避，一切賬項，上交下接，倘章項不清，歸上手是問。**308**

從以上幾款可以看出，包金擔行內大事由兩幫會商決定，營業價格漲落一致，說明兩幫為了共同利益還是走到了一起。

民國前期，在已有的地域性行業組織逐漸整合的基礎上，民國政府順應社會經濟發展的需要，頒佈一系列的法律制度，規範同業組織的產生和運作（後文詳述）。當時公會組織由縣（市）政府指定公司行號為發起人，造具公司行號名冊，訂立章程，選

---

307 《包金擔公議條規（省城）》，彭澤益：《中國工商行會史料集》上冊，中華書局，1995 年版，第 394 頁。

308 《包金擔同行公議條規（省城）》，彭澤益：《中國工商行會史料集》上冊，中華書局，1995 年版，第 395 頁。

舉職員，並呈報主管官署核准登記。同業公會設執行委員、監察委員，由執行委員推舉常務委員及主席，主持日常會務，任期四年，每兩年改選半數。在民國三十多年的時間內，同業組織成為工商界潮流，同業公會組織日益發展。民國十八年（1929），長沙先後組織了國藥、百貨、旅館、估衣、紙業、南貨等同業公會70餘個；至民國二十四年（1935），全省批准立案的同業公會有291個，入會商家13700餘家；**309**至民國三十年（1941），全省共建立商業同業公會1107個，入會商號25774家**310**；至民國三十六年（1947），全省同業公會組織發展到2124個**311**。同業公會組織覆蓋了湖南的絕大部分行業門類，將各商家商號囊括其中。

2. 商會的興起及其與江西幫在商會中的地位

（1）商會的歷史源流

鴉片戰爭尤其是長沙開埠後，海禁大開，洋貨輸入，逐漸充斥湖南內地市場。雖然湖南手工業大受衝擊，瀕臨倒閉，但商業卻並未出現凋敝之象，且在一定程度上出現蓬勃發展之勢。商品經濟的日益發展，出於維護共同利益的需要，不少市鎮都會，紛紛設立商會。但在商會之前，跨地域、跨行幫的社會組織卻在清中後期出現。在商業都會湘潭，道光年間，本地七大地域商幫便

---

309 《實業部月刊》第一卷第五期，民國二十五年八月三十一日，第470-476頁。

310 《湘政五年統計》上冊「建設」，民國三十年十二月，第73頁。

311 《湖南省政府公報》第74期，民國三十六年一月九日，第6頁。

組織了商界共同議事機構：

> （湘潭）舊有七幫福善堂，為贛、蘇、南、閩、粵、直
> 北五省及湖南各屬縣旅潭商人集合而成，始於前清中葉，垂
> 百餘年。幫有首領，謂之幫董，代達一幫民情，非富商貴族
> 莫屬。輿服驂從埒於縉紳，遇歲有偏災，籌議捐賑，暨土木
> 甲兵之役，雀鼠口舌之爭，縣有司下車必先諮以為政。各幫
> 紳幾執全縣之牛耳，亦煊赫一時。故商會開基，實由各幫董
> 其事，議席即設於福善堂。[312]

福善堂為七幫商人總會館，公舉董事分年管理公共事務。董
事負責對外辦理交涉、談判，處理爭執糾紛甚至是訴訟，制定行
規，支差派捐，議定市價，接納夥計等事宜。七幫幫董都捐有五
品頂戴，身著官服往來，人夫轎馬，前呼後擁，連縣官也懼讓三
分。[313]幫董非有資產和名望者不能擔任。福善堂設在乾元宮，
為各幫共同的議事和協調機構，其經費來自各幫捐款。各幫內部
事務自行解決，福善堂不予插手，但商幫間或商幫與外界產生的
糾葛，則「七幫各堂紳士會同理論」。光緒年間，漢口、益陽船
幫與湘潭船行發生衝突，爭訟不止，湘潭縣令諭令福善堂紳董
「考察明確，秉公調處」，經「城總七幫各堂紳士勸解和息，彼

---

312 《湘潭商會沿革》，《湘潭縣調查會刊》，1930年。
313 湖南調查局編印：《湖南商事習慣調查報告書》第1篇，第1章。

此出具切結，呈請銷案」[314]。因此，時人對其作用與辦事效能頗有稱譽，「頗能排難解紛，故稟官處理之案，日形其少」[315]。

　　光緒末年，在內憂外患的壓力下，清朝廷開始實行新政，在商業上的重大舉措便是在中央成立商部，並於光緒三十年（1904）制定《勸辦商會簡明章程》，兩年後又制定《商會章程附則》，規定各省府、州、縣均應設立商會。在《湖南商務總會試辦章程》的宣導及湖南商務總會創設的推動下，湘潭商會於宣統元年（1909）成立。商會會址便設在原七幫議事場所福善堂，江西幫幫董劉福衢被紮委為第一任會長。湘潭縣府行文各幫，轉諭所屬各戶，以商戶個人名義加入商會；並依商部法規，擬訂章程，採用會首會董制，設會長、副會長各一人，會董三十二，會員無定額。會董由會員產生，會長由會董互選，會員由各行業推選。同時還規定，會員資格必須現有營業資本五千元以上者，會長資格必須擁有財產五萬元並具有豐富的商事知識者。至於商會的經費，仰給於註冊商號，分甲、乙、丙三等徵收，不足之數，概由七幫設法彌補。會董任期兩年，期滿改選，可連任。宣統三年（1911），商會改組，選舉徐雲蓀為第二任會長。和劉福衢出身相同，徐亦為江西幫幫董。從以上商會的產生可以清楚地看到，七幫議事制實際上已經具備商會的雛形；商會會務由幫董理

314 漢益商號船幫刊，《湘潭船行成案稿》，光緒三十年（1904）。

315 湖南調查局編印：《湖南商事習慣調查報告書》第 1 篇，第 4 章。

其事，七幫掌其財，名為商會，實為七幫福善堂的改牌換記。[316]

　　無獨有偶，常德、華容等地商會的產生也有類似的歷史淵源。湘西門戶常德，歷來交通暢達，物資豐富，商賈雲集，晚清在湖南率先成立商會，其創設的基礎也是清中後期一直延續下來的「八省三堂」組織。[317]即江西、安徽、江蘇、廣東、福建、四川、雲南和湖南「八省」，八省商人各建本省會館，處理本幫內部事務；而涉及跨幫事件，則通過共同組建的「三堂」組織即同善堂、育嬰堂、同仁堂來處理。光緒年間，帝國主義覬覦內地，繼長沙開埠之後，英、日列強得隴望蜀，進而要求常德、湘潭開為商埠。時任湖南巡撫端方屈服於列強的要求，以「各國約開口岸，……動多牽掣，誠不如自開商埠，猶足雇主權而防流弊」為由，於光緒三十一年（1905）三月十一日上奏清廷，將常德准為自開商埠，並將常德沅水南岸善卷村一帶劃為「各國商家租建之區」，「至該處關務監督，常德應歸岳州關監督兼辦」[318]。清廷於同年七月准端方奏，「如所議行」。此喪權辱國的行為，嚴重損害了常德商民的利益，遭到常德商界的強烈反對。光緒三十二年（1906）正月，商界趁岳常澧道韓慶雲來常德籌辦通商租借事宜，群起集會呈文「具控到京」，且「邀集郡城八省三堂董

---

316 民建湘潭市委、湘潭市工商聯編印：《湘潭市工商業聯合會史稿》，1987 年 9 月內部發行，第 5 頁。

317 湖南調查局編印：《湖南商事習慣調查報告書》第 1 篇，第 1 章。

318 （清）端方：《端忠敏公奏稿》卷五。

事，在育嬰堂會議商埠事宜」，計議向韓慶雲「面呈利害，並公稟省城洋務局力爭」[319]。最終致使自開商埠未果，常德只成為外商的「寄宿港」。透過常德開埠事件，足見其對政局的影響，光緒末年成立的常德商務總會實際上也由「八省三堂」組織演化而來。

再如湘北洞庭湖畔的華容縣，民元前貿易不便，商旅不前，市廛不展。縣城商業團體分為五城六幫，「五城」指東、南、西、北、小北門，實則以仁、義、禮、智、信為代字劃為五團，各設團總一人，由縣知事衙門委任紳耆擔任，負責處理商業糾紛。所謂「六幫」指江西幫、江蘇幫、湖北幫、長郡幫、寶慶幫、巴陵幫，此六幫係由各地外來商戶所組成，並有自己的會館組織，推選會首，呈請官府立案，負責調解本幫內部爭端及土客商事糾紛。若遇會首不便解決或解決不了的事件，則由「五城」、「六幫」會同處理。這種議事組織形式，實為商會的初始形態。民國肇造，華容商業漸有起色，貨物較廣，地方政權始以商業分離，土籍商民與六幫商戶改組「五城」、「六幫」體制，成立商會[320]。

清末民初，湖南各地有識之士，目睹商會於振興商務、與外洋爭利意義重大，使得創建商會組織成為主流社會願望，這即便是在商務不甚發達之地，也表現得非常明顯。如永定縣：

---

319 見《長沙日報》光緒三十二年元月二十五日。
320 劉詩昩：《記縣商會的創立》，《華容文史資料》第1輯。

永定商務亦微矣，……矧能與外洋爭贏絀哉。為今之務，宜仿公司法，自設商會、公所，兼立工藝製造所官為之董正，公舉資本家之品行端正、才能恢張者為魁，集股招徠，審時開塞，破除自私自利之痼弊，一本公開誠實以行之財力，既富足以抗拒外商，眾志既固，足以操縱內利，變而通之，固而存之，商務之興其庶有豸乎？**321**

面對興辦商會的潮流，湖南各地域商幫組織，在內部已經孕育了這種組織形態雛形的前提下，審時度勢，順應趨勢，較快完成了這一轉變。

（2）江西商民在商會中的地位與作用

江西商幫在湖南的勢力和影響，決定了他們在後起的商業組織商會中理所當然會扮演重要的角色，商會要真正成為大多數商人的組織，在很多情況下必須借重江西幫，而江西商人要在湖南生存和發展，在新形勢下，必然要依憑商會這一舞臺中，發揮其應有的作用。

常德的江西商人歷來獨佔鰲頭，常德商會在湖南率先成立，江西商人在商會中的地位和影響可以通過歷屆商會負責人的籍貫及身份清楚地反映出來。

---

321 民國《永定縣鄉土志》卷四《商務》。

表1-2　常德商會歷屆負責人名單

團體名稱	責人姓名	職務	任期	負責人身份	備註
常德總商會	徐寅亮	會長	1904-1909		
常德總商會	李德潛	會長	1910-1911		
常德總商會	李宇田	會長	1912-1913	李享泰布號老闆	安徽籍
常德總商會	蔡梓陶	會長	1914-1915	南貨店老闆	江西籍
常德總商會	羅紫庵	會長	1916-1918		江西籍
常德總商會	鄭蓮蓀	會長	1919-1921	晉昌生油行店東	江西籍
常德總商會	曾春軒	會長	1922-1926	英商買辦、亞細亞洋行經理	江西籍
常德商民協會	賀鳳章	委員長	1926-1927	賀洪太南貨店店主	江西籍
常德縣商會	楊少雲	主席	1930-1931	楊本立碓坊經理	常德籍
常德縣商會	王新民	主席	1932-1937	豐記綢布號經理	江西籍
常德縣商會	譚禎祥	代主席	1938-1939	慎乃昌百貨店經理	
常德縣商會	鄭宗元	主席	1940-1942	松記綢布號經理	江西籍
常德縣商會	姚吉元	理事長	1943-1949	鼎強棉花行經理	常德籍

資料來源：依據《常德商會會史》,《常德文史資料》第二輯。

　　自商會成立至解放的十三任會長中，江西人氏有七位，除去三任籍貫不明的會長，餘十任會長江西籍會長占十分之七。

　　鳳凰縣商會成立後，先後擔任會長的有劉幫熙、曾和平、裴光中、熊政成、陳東恒、楊沅昌、戴濱誠、熊承煊、龔佳榮、裴慶光，這十人中有五人可以確定是江西籍商人。首屆會長劉幫熙曾任過湘西鎮守使秘書長，楊沅昌曾任萬壽宮首士，戴濱誠是國民黨師長戴季韜的胞弟，龔佳榮曾任縣議員，最後一任會長裴慶

光也曾擔任過縣參議員，新中國成立後任縣政協委員[322]。

　　再看衡陽商會。宣統元年（1909）成立的衡陽商會，初始階段，商會與各商幫、會館並存，各商戶對商會的作用、權利與義務並不十分明確，只認為經官府批准即可獲保護而附從之。各商戶仍保持著與原商幫會館的直屬關係。商會成立之初，並無固定會務，形成奉命辦事，僅為應付行政官署諮詢的機構。辛亥革命後，衡陽商會功能逐漸成熟，提倡保護、代為申訴、平值市價、修訂各行條規的宗旨日益深入人心，各行幫、會館商民紛紛依附。在這種情況下，作為衡陽最有勢力的江西會館，也先後派出素孚眾望的朱席芝、楊貢軒進入商會，被選為副會長，並在此後的商會運作中發揮了重要作用。民國年間，北洋軍閥入湘，頻繁混戰，商民橫遭擾掠，商會亦為應付軍差而疲於奔命。民國七年（1918），吳佩孚進駐衡陽，即向衡陽商會「籌借」餉銀三萬元，在遭到商會會董們避拒時，吳旋即下令，「捉拿大戶店主為質」。廣大商民人心惶惶，商會不得不出面調和，由副會長楊貢軒遣其店夥周炳生出面與之周旋，借給銀洋二萬七千元，贖回「人質」，平息商民騷亂。民國十三年（1924）四五月間，衡陽境內發生歷史上罕見的大水患，城外汪洋一片，城內低窪處亦成澤國，沿江商戶受災極為嚴重，衡陽市場一片凋敝。災情波及臨近各縣，四鄉及鄰境災民湧入衡陽城，等待賑濟。商會一面幫助受災商戶籌資復業，一面會同同善堂等慈善團體，積極開展對災民

322　裴慶光、熊良忠：《解放前鳳凰商業拾零》，《鳳凰文史資料》第 1 輯。

的義賑義救，並動員各殷實商戶樂捐救賑基金。此時，副會長楊貢軒專函乃兄楊爾臣（敬一堂藥店老闆），就近從湘潭調入大米，急運衡陽平糶施放，差價由籌募的基金中補貼，使衡陽百姓度過難關，深得社會各界的讚譽。《衡陽商會》，《衡陽文史資料》第二輯。後楊貢軒年事已高從商會中退出，其姪楊達三[323]（楊爾臣之子）又被選為副會長或常務理事，直至民國三十八年（1949）。

需要指出的是，江西幫在融入跨地域同業組織，參與商會的演變過程中，其原有的幫派組織不僅沒有立即消失，而且還在一定範圍內有存在的可能和必要，民國前期醴陵縣就是如此：

> 醴陵近以兵燹之餘，商業虧折甚巨，商會之組織亦旋舉旋廢，惟分幫為會，則自昔已然。其以同行為幫者，如磁業、藥材、編爆、綢布、夏布、齋館、油鹽、銀樓、織染、靴鞋、成衣、竹木、銀錢、典當之類；其以同籍為幫者，則本幫、江西幫、瀏陽幫之類是也。舊日交通遲滯，商務不甚發達，其資本稍雄厚者，多屬西幫。[324]

可見地域商幫組織與行業組織、商會共同存在，甚至可以彌補新式商業組織興廢無定的缺陷，繼續發揮著其作用與影響。

---

[323] 楊達三：《衡陽著名中藥店敬一堂》，《湖南文史資料選輯》第 17 輯。
[324] 民國《醴陵縣志》第 6 章《實業》。

3. 江西會館的衰落與同鄉會的興起

（1）會館的衰落

江西商幫在組織上同時進行著向同業公所、公會以及商會的演變，自身內在的鄉土黏合力在逐漸消滅，會館的功能也在逐步弱小。在某些地方的江西會館開始出現市場化、非地域化的特徵，或出租、或開鋪、或開工廠、或承載與江西商幫無關的其他社會活動，其初始功能在動盪社會的衝擊下，正被日益扭曲、異化。鳳凰廳，湘西重鎮，為川東南、黔東北商品集散地，商賈麇集，市場繁榮。江西商幫在此地的商業領袖地位可以通過始建於乾隆二十五年（1760）的江西會館萬壽宮來體現，此地江西籍商民財大氣粗，不斷擴建裝點自己的會館，使占地四千餘平方米的萬壽宮，山門、戲臺、正殿等一應俱全，館內樓閣鑲嵌，恢宏聳起，形成偌大建築群，俯視鳳凰城。晚清直至民國初年，在當地沒有商會組織之時，因江西商民在此地商業界執牛耳，掌握雄厚資財，能左右鳳凰商業甚至是政務，各地客商惟江西幫馬首是瞻，故江西會館萬壽宮成為全縣商民處理商務的辦公地，其作用與後來商會相似，且權力更大。萬壽宮有權向商民徵收貨物稅；並在今麻陽縣屬的石羊哨設立貨物轉運站，登記進出貨物，憑證收取釐金稅。這種狀況一直維持到民國初年縣商會正式成立，江西商幫似乎未受衝擊，萬壽宮的首士也搖身一變，成為商會會長。但這並沒有改變江西會館的衰敗命運，鳳凰籍著名畫家黃永玉先生曾有這樣的追憶：「……萬壽宮過去租給人做道場，幾天幾夜鑼鼓喧天，晚上放荷花燈，眼看見百盞發著溫暖、粉紅光點

的荷花，伴著簫笛細打，慢慢漂到遙遠的下游去……」[325]。真君廟中做道場，何況還是做白喜事，若非萬壽宮歷史使命的衰減，江西商幫怎麼可能去褻瀆驅災辟邪、賜福生財的鄉土神靈許真君？此時的江西幫若仍似其先輩那樣團結固守，萬壽宮也不至於淪落到靠「租場」來維持尷尬境地了。民國二十一年（1932），「湘西王」陳渠珍開辦「湘西農村銀行」，把總行設在鳳凰縣城，將一台從上海購進的膠印機及其他印刷設備安裝在萬壽宮內。因機器笨重高大，為便於安放，竟在觀音堂掘地三尺，並改建其他殿宇。民國二十六年（1937），苗民革屯抗日軍攻城之圍解除後，地方當局成立的「鳳麻瀘三縣剿匪指揮部」率領士兵近千人駐紮萬壽宮，歷時一年餘。隨後自民國二十七年（1938）至民國三十四年（1945），萬壽宮又成為接兵地，各地抓來的壯丁也被關押於此。此期間，民國三十二年（1943），商會會長戴濱誠又在萬壽宮內開辦合記織布廠。[326]數十年來，萬壽宮歷盡滄桑，日益頹敗。湖南其他地方的萬壽宮不少也有類似的經歷。晃州廳萬壽宮始建於康熙年間，為晃州古鎮龍溪口唯獨一座極為堂皇宏偉的古式建築，晃州著名古跡之一。民國年間伴隨著江西幫的衰落，晃州廳萬壽宮也相應日益清冷、破敗。民國二十五年（1936）

---

325 轉引王曉利《萬壽宮：一座曾經輝煌的會館》，《湖南作家》2002 年9 期。

326 裴慶光、熊良忠：《解放前鳳凰商業拾零》，《鳳凰文史資料》第 1輯；裴慶光、熊良忠：《建國前鳳凰典當與錢攤》；裴宏駿、熊良忠、裴慶光：《商辦豫章小學》，《鳳凰文史資料》第 4 輯。

元月，賀龍、肖克領導的中國工農紅軍二、六軍團長征途中經過晃縣，江西商人作鳥獸散，萬壽宮成為紅軍召開群眾大會，宣傳中共北上抗日主張的會所，之後被分給貧苦市民，「文革」期間被毀。[327]鳳凰萬壽宮與晃州萬壽宮只是江西會館衰敗的兩個縮影，民國年間，在湖南，江西會館的衰敗已是一種普遍趨勢。

（2）同鄉會的興起

在江西會館萬壽宮出現市場化、非地域化，難以作為維繫江西商幫地域精神的紐帶之時，為適應江西商內部聯誼與團結互助的需要，一種新型的社會組織「同鄉會」應運而生，並很快取代江西會館的社會功能，成為維繫江西幫地域特徵的載體。對於民國年間產生的這一商人團體，郴州府汝城縣縣志有這樣的記載：

> 汝本山邑，陸不可方軌，水不可航舟，交通阻絕，故無富商大賈出於其間。城市店鋪可三、四百家，大抵疋頭雜貨、酒、米、油、鹽等行為多。惟東西兩河之木，東南二區之紙，行銷於臨近各省。紙以粵之城口為貿易地，木以湘之湘潭、贛之塘〔唐〕江為貿易地，商業頗旺，然亦不多有。自民國六年鎢砂發現，礦廠林立，而商務漸盛。近又因特貨（時國禁鴉片，諱為是名）之運行，率以汝城為西南收兌中樞，於是商賈輻輳。衡幫、寶幫（由衡州、寶慶等商駐汝營業）、廣幫（由廣東嘉應、新寧駐汝營業）、西幫（由江西

327 楊利川、張朝玉：《萬壽宮》，《新晃文史資料》第5輯。

吉安、贛縣等商駐汝營業）各設同鄉會以資聯絡，街市殷
闐，偏僻頗成繁會。惟是百貨騰貴，生活程度日高，其影響
社會、經濟匪小也。本地商人向無團體。民國二年成立商
會，各商始得保護之益，同業亦少傾軋之弊。**328**

二十世紀二十至三十年代，江西商人在湖南各地如長沙、常
德、邵陽、衡陽、常寧、靖州等地紛紛創立或改組江西會館成立
同鄉會。衡陽江西同鄉會至遲在民國九年（1920）成立。上文所
提到的鳳凰江西會館於民國二十七年（1938）改組為「江西旅鳳
同鄉會」。長沙的江西同鄉會最遲在二十世紀三十年代也已經成
立。同鄉會在民國年間迅速興起，在不少地方取代會館成為一種
新型的社會組織一直延續至新中國成立前。湖南望城江西商人中
的歷事者曾有這樣的回憶：

> 民國年間，我們江西佬來靖港、喬口做生意或做幫工的
> 多達三百人以上，如靖港正大煤油公司，永昌祥油鹽南貨
> 號、大隆昌綢布莊，黃同豐、黃同福金銀首飾店，匡永昌、
> 肖順昌秤鋪等都是江西人開的。我於一九四五年後被選為江
> 西旅靖喬同鄉會理事長，私立豫章小學校長，都在萬壽宮
> 內。此外還兼任靖港醫藥業理事長，鎮商會委員等職，直至

328 民國《汝城縣志》卷一八《商業》。

解放。**329**

對於江西同鄉會的組成及社會活動情況，民國年間長期在靖州經商的江西人曾昭文老先生曾留下這樣的記錄：

……（常寧）同鄉會，這是一個自發的組織。常寧同鄉會最多時候有會員一百多人，會長、副會長一般由民主推選，但很自然地都會由有聲望有實力的富商擔任。我所曉得的兩任會長，一個是「景倫泰」最初一代的老闆劉某，另一個是「志仁堂」的經理羅志翔。前者不僅有雄厚的經濟實力，而且頭上還有一頂七品大夫的烏紗，雖是花錢買的，但也能裝點門面。同鄉會的活動，主要有以下幾項：一、為同鄉主持正義。凡是同鄉中有受外界欺負，以一個人的力量難以解決的，則由同鄉會會長或副會長出面與對方交涉，一般都能得到妥善解決。如經交涉仍無法解決，需要打官司，同鄉會則負責到底，代其打官司，直到問題完全解決為止。如果同鄉會員中，有人做了虧理的事，會長、副會長也自動進行說服教育，批評幫助，也有時代其向對方道歉。會員中有了矛盾或意見分歧，同鄉會也負責調解。二、因傳農曆八月二十六日是許真君的生日，所以，每年的這一天同鄉會都

329 熊佑林口述、張超整理：《中醫行業六十年》，《望城文史資料》第 3 輯。

要舉行盛大的紀念活動。大家歡集一堂，共敘思鄉之情。在許真君像前插上一把香火，到財神、文昌、觀音菩薩像前作個揖，跪拜幾下，則是理所當然。之後便是會餐，碰上好戲班在城裡，晚上還要唱戲。同鄉會會員，不論貧富貴賤，大家都顯得很是親密，很晚才各自散去。三、按照中國人的傳統，農曆七月半是祭祀祖先的時候，同鄉會亦由掌管財務的同鄉，買些紙錢，紙衣、紙褲、紙屋、香火之類的東西焚化，以紀念客死他鄉的同鄉。同鄉會的經濟來源，除每個會員入會時交納一塊銀洋外，其餘的大部分由那些殷實的同鄉自願捐獻。捐獻的多少，一般視其能力的大小、業務興衰情況而定。實力不強，業務不很興旺的小店主，出幾塊銀洋也是有的，出幾十塊銀洋的已是不錯。資本雄厚、生意興隆而又好爭面子的老闆，出好幾百塊銀洋也是有的。這些錢，除用於平常的活動外，也還用於逢年過節請戲班唱戲等。**330**

從上文的回憶我們可以看到同鄉會與會館組織具有相似或相同的社會功能，靖縣同鄉會則標榜其宗旨為：團結鄉誼，扶持困難，推動業務，調節糾紛，保護同鄉利益。**331**民國年間湖南邵陽曾經發生過震驚全國的「邵陽永和金號慘案」，從案件的追查及審理過程可以對同鄉會為江西商人伸張正義有比較深刻的認

---

330 曾昭文：《常寧萬壽宮及江西同鄉會》，《常寧文史資料》第 3 輯。
331 王石樵：《解放前的靖縣市場》，《靖州文史資料》第 3 輯。

識。

　　邵陽永和金號為江西商人開辦的黃金珠寶店，是長沙、衡陽永和金號的連鎖店。民國三十六年（1947）五月，湖南第六區行政督察專員兼保安司令員孫佐齊發縱指使機要秘書傅德明對永和金號進行令人髮指的搶劫、縱火、殺人，震驚國內。[332]慘案發生後江西旅邵同鄉會號召社會各界組織聲援邵陽永和金號慘案委員會。許多地方的江西旅外同鄉會也一致聲援，除去電國民黨政府武漢行轅、兩湖監察使署等衙門請求徹底查辦外，並向全國各地大發通電、宣言。南京、上海均把這則新聞刊在顯要位置。南昌新聞記者組成訪問團，深入邵陽瞭解事實，並積極撰稿披露真相。各地的聲援與請命鬧得滿城風雨，在輿論的責難下，湖南省政府不能再裝聾作啞，派人調查審理此案。案件調查過程中，江西旅邵同鄉會及慘案聲援委員會不顧兇犯孫佐齊的恐嚇，對其罪行公開揭露。[333]傅德明招供後，慘案聲援委員會及江西同鄉會負責人聶海平等人立即趕赴長沙，向國民黨湖南省政府請願，要求迅速逮捕主犯，以洽輿情。長沙、南昌、南京、上海等地各社會團體和新聞媒體函電交馳，上海江西同鄉會聲援湖南邵陽毒殺

---

332 徐君虎《記邵陽永和金號慘案》，徐時為邵陽縣縣長，參與整個案件的調查過程；汪廉《永和金號慘案的審理過程》，汪時為湖南省高等法院首席檢察官，負責審理永和金號慘案；《湖南文史資料選輯》第2輯。

333 蘇繚如：《聶海平生平述略》，《邵陽文史資料》第 14 期；此文根據聶海平自傳改寫。

燒劫慘案函電全文如下：

> 旅邵江西同鄉所開之「永和金號」於五月三日晚被當地湖南六區專員公署重要職員傅德明等率領黨徒前往劫奪黃金等貴重財物，並演出毒殺燒劫慘劇，邵陽各界領袖即聯合檢舉，請求政府嚴辦。本會先後接湘省益陽、岳陽、沅陵、湘潭、平江等縣江西同鄉會電請聲援，當以殺人越貨，而出自地方行政人員，且其毒辣兇狠尤非尋常盜案可比，爰分電層峰，請求徹查嚴辦，以彰國法而雪沉冤。**334**

各地民眾群情激奮，輿論譁然，最終迫使法院作出判決，傅德明被處以死刑，孫佐齊被判有期徒刑十二年，其他從犯也受到懲處。

可以說沒有同鄉會的積極推動，便很難迫使當局將此血案追查到底，更不可能為死於永和金號慘案的江西人平冤昭雪。因此從某種層面上說，同鄉會在為同鄉主持正義方面似乎比會館更富實效。但同鄉會一般不介入生意場上的爭端，對市場上的優勝劣汰也聽之任之，也極少聯絡本幫以抗外幫。會館的某些經濟職能在變化的社會條件下已經被剝離。而且從一些資料上看，同鄉會是相對狹隘的同鄉組織，與會館面向所有的江西籍同鄉不同，同鄉會是有條件地吸納會員。體現在入會上，同鄉會較之會館組織

334　《江西同鄉會會刊》之《工作概要》，民國三十六年八月版。

卻要嚴格的多。比如在衡陽，江西人須繳納一定的入會金才能取得江西旅衡同鄉會會員資格，享受會員待遇和參加同鄉團拜會及其他福利事項。[335]章文煥老先生在考察湖南的江西會館與同鄉會時也有此認識。[336]

三、江西幫組織雙重分化演變的原因

清末民國江西幫組織經歷了由最初的地域同鄉組織會館向同業公所、公會、商會，及同鄉會之間的雙重分化演變，歸其原因，主要是以下幾點：

1.社會經濟的發展與行業競爭

社會經濟的發展，使市場相對活躍，在高額商業利潤的刺激下，不同地域商人商幫逐漸邁出其原有行業，插足利潤豐厚的其他商業領域，使得競爭加劇，而市場上的優勝劣汰最終打破了原來各商幫固守一隅、條塊分割的局面。同行之間為了保證一定的利潤空間，不得不考慮規範經營，要求行業合作，地域商幫之間出現同業整合的局面。

以煙業為例，湖南省城煙業向來分為建（福建）幫、西幫和本幫，以建幫、西幫為最大，湖南本幫生意最為零落。後來本幫整合自身力量，成立本幫的行業組織，生意有所擴展。民國二年（1913），湖南幫煙業同行組織會董熊桂芳為倡合同業，創辦湖

---

335 蕭善卿：《衡陽江西會館——萬壽宮》，《衡陽文史資料》第 8 期。
336 筆者曾向章文煥先生訪談。

南煙業公司，並設立分店，改進產品品質，與建西兩幫展開激烈競爭。因其產品不論種類、顏色、香位較之建條、西條均有過之而無不及，且價格低廉，故銷路極廣，前往購煙者絡繹不絕，在市場上佔據有利地位，生意非常興盛。建幫、西幫雖品質具有一定優勢，但產品遠道而來，關稅極重而成本高，且不注重花色翻新，故生意日漸式微。為供市面需求，建西兩幫煙鋪只得經常到湖南煙業公司購銷本地貨，而外界亦傳聞說兩幫均已入股湖南煙業公司。到民國六年（1917），三幫共同組織同業公所，「會中組織每年公舉正副總管共二人，正總管管帳簿，副總管管銀錢，又公舉值年八人，照三幫店鋪多少為分配，均系一年一任」[337]。

　　再如蘇廣業，光緒以前，長沙辦廣貨者，都由湘潭批發而來，生意小，均由絲棉鋪搭做，無專行，更無公會、公所。光緒初年，京蘇貨盛行，不少店鋪裝飾華麗，「獲利者多，因而開設者亦眾」。光緒十餘年，洋貨輸入長沙，京蘇洋廣雜貨店繁榮，江西人吳大茂開設蘇廣洋貨號，「獲利倍蓰，於是繼而起者數十家」，當時最繁華的商業街坡子街一帶幾乎遍地是蘇廣洋貨號。貨物日益豐盈，但「同業者雖多，而貨價不一，無行規，亦無團體，搶行奪市鬥巧爭奇」，同業人士見各業皆有公所，惟本行業雜亂無章，「乃倡合同業集資購買青石井房屋三間，為每年辦財

---

337 《省城煙業與煙業公所沿革》，湖南《大公報》九版，民國十四年十月二日。

神會及同業聚會之所，此蘇廣洋貨業創立公所之始基也」**338**。

　　長沙旅館業同業公會也是如此。清末民初，長沙旅館業在競爭中，三大幫逐漸站穩腳跟，並各自成立了自己行業組織，長沙幫為雲集會，善化幫為東南會，江西幫為柔遠會，三大幫勢力相當。為避免進一步廝殺，三幫共建旅業公會，共議同業事項，公舉總管執年管理會務。**339**重定行規：

　　竊商賈乃四民正業，無論生理大小，欲沾利益，必賴行規。茲我等貿易客棧，已歷多年，前因試館雜列，致價值高低不一，敗壞難堪。爰集我行酌議，稟請出示立章，以昭劃一，且使循規踏矩，便易稽查，故邇來客棧一途，頗有條理。第滄桑時局，多有變遷，今特立約會商，續議數條，俾志合規同，合資遵守。……**340**

　　此後凡開業者必先入會，並遵行業條規，否則必遭同行抵制。

　　再如衡陽紗布業，民國初年江西幫資本雄厚，貨源充裕，花色繁多。江西幫從批發到零售基本壟斷衡陽紗布市場，冠蓋同業，盛極一時。民國十五年，本幫（衡陽商）力謀發展，整合本

338　《省城蘇廣業及蘇廣同業會之沿革》，湖南《大公報》九版，民國十四年九月七日。

339　湖南省商業廳商業志編寫組編：《長沙旅館業》，《湖南商業志資料彙編之三：主要行業沿革》，1983 年內部資料。

340　《客棧條規（省城）》，彭澤益：《中國工商行會史料集》上冊，中華書局，1995 年版，第 506 頁。

幫布店，與西幫對峙，逞雄爭長，展開激烈的商戰，或刺探對方適銷紗布存量，研究推銷策略，及時引進時新產品；或以棉紗換土布，白布易色布，擴大紗布、土布、色布品種；或以緊俏貨搭配滯品；或放寬賒期紮賣途貨；或封鎖消息，製造假像。在相互競爭中，不僅西幫壟斷局面被逐漸打破，而且數家資本雄厚的老店也因經營失策或管理不當而慘遭淘汰。[341]四年後，民國十九年（1930），衡陽紗布業同業公會成立。

此外，經營的擴大，雇工的增加，階級意識產生，勞資關係日趨緊張，同行店主為了保障穩定的工商利潤的獲取，有必要聯合起來，「用一個聲音說話」。如省城長沙筆店，光緒三十一年（1905）出現整合趨勢，其原因與目的在整頓條規中可以清晰反映出來：

> 竊工藝以振興為先，規章以整頓為主，未有規章不整而工藝能興者也。我等筆業一行，雖為小道之觀，實宗大成之意。開設三十餘戶，歷分西南兩幫。匪獨成名，且亦銷場甚旺，誠足挽利權於競爭之世，擅技藝之場者也。毫末之精，能實富強之基礎耳。近因人心不古，流弊滋多，或遇事生風，肆行罔忌，或勒主增價，動輒停工，種種腐敗情由，急應改良趨善。爰集兩幫店主，共成一會，名曰正業堂，冀改

---

341 湖南省商業廳商業志編寫組編：《衡陽紗布業》，《湖南商業志資料彙編之三：主要行業沿革》，1983 年內部資料。

前非，滌出陋習。第事經創始，整頓殊難，匪協妥籌焉，增完善用，敢規章鏨定，毋許積習仍沿。自今公議之後，所有數則條規，即日頒行各店，倘敢違抗，決不徇情，庶幾規章定而責成專，工藝精而利源遠耳。我等原非好為多事，實欲整頓行規，凡我同人，毋稍差遲，各自踴躍，裨益良非淺顯，庶同行實有厚望焉。**342**

可見，兩幫整合，共建一會「正業堂」，其原因為「因人心不古，流弊滋多，或遇事生風，肆行罔忌，或勒主增價，動輒停工，種種腐敗情由，急應改良趨善」。

2. 江西幫的「土著化」

在中國這樣一個有數千年宗法傳統的國度，鄉土觀念、地域觀念在人腦海中盤根錯節。外來客民大多受土著的排擠，成為弱勢的代表，而土著一般為霸道的代名詞。異地商人來此經商，為免受各方面的刁難，以獲取更大的商業利潤，必須盡力爭取本地人的認同，融入當地社會。其表現方式主要有：在客地置辦家產，舉室遷移，與土著通婚或進行資本交流，捐官謀取較高的政治地位和社會地位。商人土著化過程其實就是商業移民過程。如醴陵縣，「贛人習商，後先以貿易至縣，因而以貿易置家產者亦

342 《筆店條規（省城）》，彭澤益：《中國工商行會史料集》上冊，中華書局，1995 年版，第 288、289 頁。

不少」³⁴³。永順府龍山縣這種現象更為明顯，江西商人「其先服賈而來，或獨身持樸被入境，轉物候時，十餘年間，即累貲萬，置田廬，締姻戚，子弟併入庠序」³⁴⁴。湖南汨羅楊氏由豐城貿易至汨羅，為免受當地惡棍的刁難，與當地名門結為親家後，才免受挑釁。³⁴⁵不僅小市鎮如此，大都會更是如此。清末，省城錢業江西商人甚至可以左右市場，民國以來，「西幫人物多舉室來湘，其經營之莊號亦多，年代甚久，與本幫商號形同一體」³⁴⁶。藥業江西幫幫口極緊，凡藥材生意之秘訣、行情資訊嚴禁外傳，不帶本地徒弟，不與本地人通婚，否則就是「賣飯碗」，必被本行業革除。而到民國年間，不少地方出現西幫與湖南本幫交融的局面，如湘鄉，江西幫在此地定居，繁衍後代，與湘幫長期相處關係融洽，出現「轉窩子」現象。抗日戰爭勝利後，西幫中的謝太和藥店老闆謝孔昭、同濟藥號老闆盧仁卿不顧幫派的阻力，招收湘鄉籍學徒進店，「湘」、「西」兩幫的傳統界限被完全打破。³⁴⁷再看湘潭，這個曾經發生過大規模土客械鬥，以至朝野震驚的商業都會。³⁴⁸西幫與本幫歷來隔閡甚深，據說

343 民國《醴陵縣志》卷一《氏族》。

344 同治《龍山縣志》卷一一《風俗》。

345 楊宇清：《湖南汨羅楊氏新譜》。

346 胡適：《湖南之金融》第 3 章，《湖南之錢業》第 2 目《湖南錢莊的種類》。

347 《湘鄉國藥同人憶舊》，《湘鄉文史資料》第 4 輯。

348 邵鴻：《利益與秩序：嘉慶二十四年湖南省湘潭土客械鬥》，《歷史人類學學刊》第 1 期。

清初江西商幫修建萬壽宮時，遭到土著的抵制，不許江西人就近取土，或許是出於慪氣，或許是為顯示闊綽，江西商人竟從萍鄉運煤填地建館。[349]但經過數百年的磨合，雖依然摩擦不斷，但雙方劍拔弩張之勢已消弭。至民國年間，兩幫互結兒女姻親，而且在經營上互有資本往來，兩幫之間多年的鴻溝被漸漸填平。[350]在鳳凰，贛籍商民憑藉雄厚的經濟實力，積極參與政治活動，謀求社會地位。清末國庫虧空，重開捐納之法，江西商民熊玉書、裴彤九等捐候補知縣及監生等頭銜。贛籍商民還通過送子弟入學登科舉等途徑步入政界，如裴三星商號送長子裴晴初入學中舉，歷任貴州、灃州知事，民國初期連任三屆鳳凰縣長。商民子弟顧家齊、戴季韜曾任國民黨師長和湖南省政府委員。[351]類似的情形在湖南不在少數。此外筆者翻閱大量湖南地方文史，發現湖南有一大批的工商聯幹部、工商業者是江西商民的後裔，他們在民國年間已經融入本地。

儘管阻力重重，但贛籍客商自始至終未曾放棄融入本地的努力，從最初的具有商業性質的建街市、修碼頭、設義渡到完全是社會公益性質的修橋、鋪路、防災、賑災、建學校，江西商人可謂煞費苦心。在這種「土著化」過程中，原有商幫內部的鄉土粘合力逐漸消減，商人的地域特徵慢慢淡化，並逐漸匯入到新的地

---

349 據章文煥先生講，二十世紀九十年代在湘潭考察時，仍看到萬壽宮地基黑土。

350 張豫：《舊薑佘鎮的工商業》，《湘潭縣文史資料》第 4 輯。

351 裴慶光、熊良忠：《解放前鳳凰商業拾零》，《鳳凰文史資料》第 1 輯。

域社會、新的商業團體組織中去，於是江西幫也隨之逐漸發生著分化演變。

3. 晚清民國的時政導向

晚清民國的政策導向也為江西幫的雙重分化演變推波助瀾。這一時期頒布的一系列法律、規範為江西幫由地域商幫組織向跨地域行業商人組織、跨行業社會組織演變提供了法律依據。清末，在帝國主義先軍事入侵，後商業掠奪的打擊下，清廷愈來愈感覺到商戰的重要性。光緒二十九年（1903），商部決定仿照西方國家的商會模式，宣導華商設立商務總會和分會，以期達到「保商利，通商情，講信譽而無欺詐，有競爭而無傾軋，發展商業」的目的，並於同年元月上奏《勸辦商會酌擬簡明章程折》，強調「縱觀東西諸國，交通互市，殆莫不以商戰交勝，馴至富強，而揆缺由來，實皆得力於商會。……現在體察情形，力除隔閡，必先使各商有整齊劃一之規，而後臣部可以盡保持維持之力。則今日當務之急，非設立商會不為功」[352]。清廷很快諭批頒行商部擬訂的《商會簡明章程》。隨後，商部向各省頒布勸辦商會諭帖，進一步闡明，「商會之設不特可以去商與商隔膜之弊，抑且可以去官與商隔膜之弊，為益商務，良非淺鮮」；同時希望成立商會使「上下一心，官商一氣，實力整頓，廣闢利源」[353]。商會簡明章程規定，「凡屬商務繁富之區，不論系會

352　《商部奏辦商會酌擬簡明章程折》，《東方雜誌》1904 年第 1 期。
353　《商部勸辦商會諭帖》，《東方雜誌》1904 年第 2 期。

垣、系城埠，宜設立商務總會，而於商務稍次之地，設立分會，仍就省分隸屬商務總會」。考慮到各省差異較大，又指明，「商會既就地分設，各處商情不同，各商會總理應就地與各會董議定便宜章程，稟呈本部核奪，總以裨商務，無背本部定章為斷」**354**。而在勸辦商會之前，湖南民眾在爭奪鐵路自行修築權的過程中，已設立商務局。**355**在商部的勸導下，湖南頒行《湖南省商會試辦章程》，廣為宣傳，「願來本會註冊者，受本會開通、聯絡、保護、振興之益，……如不來本會註冊者，有事則本會未便處理，以示限制」**356**。經過屢次集議，最終「由各業推舉議董，再由議董推舉總理、協理。一九〇六年推舉陳文瑋為總理，湖南商務總會成立」**357**。與此同時，湖南各商務繁庶之區如常德、岳陽、衡陽等地也相繼成立商會，各地江西商人也紛紛加入其中，有的甚至被選為會長、副會長，在商會中具有舉足輕重的影響。到宣統末年（1911），湖南各地共成立商會十五處，入會商號一萬兩千六百六十五家，商會議事共達一千四百九十八件。**358**民國政府繼承了晚清的商務政策，並進一步制度化、規

---

354 《奏定商會簡明章程二十六條》，彭澤益：《中國工商行會史料集》下冊，中華書局，1995 年版，第 970-977 頁。

355 《長沙總商會之沿革》，湖南《大公報》十版，民國十四年十月十五日。

356 湖南總商會擬：《湖南省商會試辦章程傳單》，清光緒刻本。

357 孫志明：《建國前的長沙市工商同業公會》，《湖南文史》第 34 期。

358 《商會統計·湖南》，《中華民國商業檔案資料彙編》，第 99、100 頁。

範化。民國四年（1915）頒布《商會法》，商會成為法人實體，次年又補充《商會法施行細則》，使其更具操作性。

　　繼《商會法》之後，為矯正營業上的弊害，維護同業的公共利益，北京政府農商部於民國七年（1918）頒布《工商同業公會規則》，規定「同一區域內之工商業者設立公會，以一會為限」[359]，這使得不同地域的商業團體在經營同一行業時，必然走到一起，原有的同一行業幫派林立、壁壘森嚴、相互爭雄的局面被打破。《工商同業公會規則》的頒布，使得舊式商業組織的轉變和新式工商同業組織的建設進入了一個有法可依的規範化時期。為進一步整合行業組織，南京政府於民國十八年（1929）頒布《工商同業公會法》，次年頒布《工商同業公會法細則》，強調「同業之公司行號，均得為同業公會之會員，推派代表，出席於公會」[360]。湖南省政府轉令各地執行，省城長沙措施極為嚴厲，「不加入同業公會不准營業，限期更換會員證，無證者勒令停業」[361]，迫使同業公司商號必須加入工商同業組織，最終促使了行業中以地域和血緣關係為紐帶的商業組織的瓦解。

　　會館組織的衰落，並沒有使同鄉的社會組織消失，在社會轉型下也積極尋找新的出路。民國誕生，民權興起，民國初年政府頒布的《臨時約法》規定人民有集會結社的權利，這就為新的社

359　《工商同業公會規則》，彭澤益：《中國工商行會史料集》下冊，中華書局，1995 年版，第 986 頁。

360　《工商同業公會法》，《商業月報》第 9 卷第 7 號，附載。

361　湖南省商業廳編：《湖南省商業專志》，1986 年內部發行，第 623 頁。

會團體的產生提供了法律依據。民國二十年（1931），國民政府又公布了《人民團體組織方案》及其修正案，並積極開展社會團體的組建和登記工作。這樣，同鄉會作為新的社會團體便迅速發展起來，自民國初年至抗戰以前的二十餘年間，同鄉會在全國各地蓬勃興起，在湖南亦是如此。抗日戰爭結束後，湖南的江西同鄉會進一步興盛，從上文邵陽永和金號慘案的聲援可以看出，實際上它已經形成了一張較為嚴密而廣泛的同鄉網。

四、結語

1. 商幫組織演變有著自身的規律，同業組織與商會根植於中國本土

長期以來，同業組織與商會是中國本土的產物還是歐風美雨影響的結果，學術界一直存在著爭論。比如在商會的認識上，有人認為「商會的成立，更直接更深層次的原因還是西方商會制度的傳入，在華外國商會的示範效應和驅動以及晚清政權主體為貫徹其工商政策而提供制度供給與服務」[362]。也有人提出，清末商會的成立是中國資本主義初步發展和資產階級力量增長的結果，商會的出現反映了社會的必然趨勢。[363]從湖南江西商幫個

---

[362] 張東剛：《商會與近代中國的制度安排與變遷》，《南開經濟研究》2000 年第 1 期。

[363] 章開沅：《就辛亥革命問題答臺北學者》，《近代史研究》1983 年第 1 期；徐鼎新《增進中國商會史的兩岸「對話」》，《近代史研究》2000 年第 5 期。

案考察，我們可以清晰地看到，商幫組織的演變有著自身的發展規律。大量事實表明，由會館到跨地域同業公所、同業公會、跨行業的商會、同鄉會，反映著商人組織的規律性演變。會館主要是外來商人在某一經商地為聯絡鄉誼、相互支援而設置的商人組織，具有較濃厚的地域鄉土色彩，在「萃渙而篤同鄉之好」的同時，會館也為同籍商人通行情、計盈虧、評價格、做好生意提供便利。但這種依賴血緣和地緣關係維繫的商人組織，在經濟發展，競爭加劇的條件下，其相對封閉性、沒落性日益顯現。在同一經營地，多個商幫商人經營同一行業，分割市場，相互拆臺明爭暗鬥，爭執在所難免，以致矛盾日深，弊端日顯。為了保證一定的利潤空間，各幫派也希望結束惡性競爭。打破地域，走向行業聯合，工商同業組織適應形勢發展的需要應運而生，正如呂作燮先生指出「地域商幫的會館，在商品經濟進一步發展、競爭進一步加劇的情況下，就暴露出他的先天不足，特別在外國資本主義商品入侵以後，競爭更為複雜的情況下就迫使地域性商幫逐步突破地域，向同業聯合方向發展。會館的衰落和同業公所的興起，是一個勢在必行的自然趨勢」[364]。跨地域同業組織取代會館的狹隘的經濟功能，對於整頓行業市場、規範商業經營、防止不正當競爭發揮了積極作用，故在晚清民國迅速崛起。從商會的歷史源流來看，湖南多個案例說明，商會的初始形態是跨幫商人

---

[364] 呂作燮：《明清時期蘇州的會館與公所》，《中國社會經濟史研究》1984 年第 2 期。

的共同組織，這種組織其任務與宗旨與後來的商會一脈相承、並無二致。晚清政府在全國推行的商會，只是借用了歐美的外殼，其實質仍是跨幫商人的社會組織功能的演進。且就其性質而言，也不是純粹的資產階級的組織，其封建性也有明顯的體現，如在商會會長的產生上，一般推舉或直接選舉產生，但在大多數情況下出任會長需要取得當地權勢人物的支持。如在鳳凰，歷屆商會會長有劉幫熙、曾和平、裴光中、熊敢成、陳東恒、楊沅昌、戴濱誠、熊承煊、龔佳榮、裴慶光，首屆會長劉幫熙是湘西鎮守使田應詔支持的，陳東恒、楊沅昌出任會長得到了「湘西王」陳渠珍的認可，戴濱誠是國軍師長戴季韜的胞弟，龔佳榮得到了國民黨縣黨部和縣政府的扶持，裴慶光為陳渠珍所器重，而且會長的更替體現了各種力量的牽制與消長。受制於地方政府或某些政治勢力的商會，其功能更似「搖錢樹」或「籌款機」，難以做到「開通、聯絡、保護、振興」的初始目的，因此中國的商會和西方商會不可同日而語。同鄉會是在會館難以作為維繫商幫精神紐帶時，出於聯誼和相互扶助的需要產生的。商幫組織的演變反映了商人團體在社會變遷中的調適，或者說是商人組織在社會發展過程中不斷謀求自身與社會的協調共處。因此可以說，同業組織、商會、同鄉會均根植於中國本土。

2. 商幫組織的雙重分化演變反映了商人團體在社會變遷過程中的自我調適

商人團體由會館到同業組織、商會、同鄉會的演變並非單線式的進化，在長時間內出現多元共存的局面。在地域會館為主導的時代，跨行業跨地域幫商業組織已經產生，而在跨地域同業組

織、跨行業商會普遍建立之時，部分地域會館依然存在並在一定的範圍內發揮其社會作用。江西幫經營行業極廣，在同業組織和商會興起條件下，各行的江西商人必然以行業商人的身份融入，並在其中發揮著重要作用。但原有的地緣組織依然存在，這使得江西商人既是個行業人，又是個地域人，在業緣組織與地緣組織的雙重空間遊走。但當業緣組織與地緣組織發生矛盾時，在絕大情況下出於本身的利益考慮，江西商人會選擇實在的業緣關係而放棄相對空泛的地緣關係。正因為此，在很多資料中經常可以看到，晚清民國，新來湖南的江西商人欲在某行業插足、謀求發展，通常會遭到同行其中也包括江西同鄉的聯合抵制。同樣，湖南商人想要擠入另一新行業也通常會受到包括湖南同鄉在內的同行的聯合排擠。在單純為經濟利益角逐的時代，地緣組織對商業競爭的意義已經顯得不那麼重要了，非同籍商人走到一起合資經營甚至互為姻親的事件，到民國年間即使在幫規極嚴的樟樹藥幫當中也不足為奇。這樣，原有的鄉土自然秩序遭到斷裂和瓦解，既定的平衡與穩定不斷被群體成員中發生的顯性變化所擾亂和打破。但對於遊弋於外的客民而言，傳統組織的聯誼、互濟、營造精神家園的社會功能仍具有極大的吸引力，同鄉會在各地普遍興起，會館的改組與功能的單一化，實際是對傳統組織的繼承和發展。因此可以說商幫組織具有巨大的適應性和變通性，它能在急劇變革的社會中，適應發展的多種需要，不斷分化重組出新的組織和機構，調解各種矛盾，與社會發展協調共處。正如傅衣凌先生所指出的那樣：「用西歐模式看起來相互矛盾的各種現象，在中國這個多元的社會結構中奇妙地統一著，相安無事，甚至相得

益彰。這種既早熟又不成熟的彈性特徵，使中國傳統社會具有其他社會所無法比擬的適應性，不管內部生產技術水準的提高，還是外部環境的變化，這個多元的結構總能以不變應萬變，在深層結構不變的前提下，迅速改變自己的表層結構以適應這些變化」[365]。商幫組織的演變體現了這個多元組織的適應性，說明傳統社會內部因素並非與近代化絕對對立，而是有著傳承性和同構關係，包含著對近代化的潛在適應性，通過自身的演變或改造，可成為近代化的社會基礎。商幫組織的演變，為我們更加深刻地瞭解中國傳統社會提供了一個很好的視角。

---

[365] 傅衣凌：《中國傳統社會：多元的結構》，《中國社會經濟史研究》1988 年第 3 期。

江西文庫 A0701B14

贛文化通典（宋明經濟卷） 第三冊

主　　編　鄭克強

版權策畫　李　鋒

責任編輯　林以邠

發 行 人　陳滿銘

總 經 理　梁錦興

總 編 輯　陳滿銘

副總編輯　張晏瑞

編 輯 所　萬卷樓圖書股份有限公司

排　　版　菩薩蠻數位文化有限公司

印　　刷　維中科技有限公司

封面設計　菩薩蠻數位文化有限公司

出　　版　昌明文化有限公司

桃園市龜山區中原街 32 號

電話 (02)23216565

發　　行　萬卷樓圖書股份有限公司

臺北市羅斯福路二段 41 號 6 樓之 3

電話 (02)23216565

傳真 (02)23218698

電郵 SERVICE@WANJUAN.COM.TW

大陸經銷　廈門外圖臺灣書店有限公司

　　電郵 JKB188@188.COM

ISBN 978-986-496-345-4

2018 年 1 月初版

定價：新臺幣 360 元

如何購買本書：

1. 轉帳購書，請透過以下帳戶

　　合作金庫銀行　古亭分行

　　戶名：萬卷樓圖書股份有限公司

　　帳號：0877717092596

2. 網路購書，請透過萬卷樓網站

　　網址 WWW.WANJUAN.COM.TW

大量購書，請直接聯繫我們，將有專人為您

服務。客服：(02)23216565 分機 610

如有缺頁、破損或裝訂錯誤，請寄回更換

版權所有·翻印必究

Copyright©2016 by WanJuanLou Books CO., Ltd.

All Right Reserved　　　　Printed in Taiwan

國家圖書館出版品預行編目資料

贛文化通典. 宋明經濟卷 / 鄭克強主編.-- 初

版.-- 桃園市 : 昌明文化出版 ; 臺北市 : 萬

卷樓發行, 2018.01

　　冊 ;　　公分

ISBN 978-986-496-345-4 (第三冊 : 平裝).--

1.經濟史　2.宋代　3.明代　4.江西省

672.408　　　　　　　　　　　　107002006